AF282761

IVÁN MÉNDEZ

ANÁLISIS FUNDAMENTAL
¡para TONTOS!
Invierte en bolsa desde cero

bubok
EDITORIAL

© Iván Méndez
© Análisis fundamental ¡para tontos!

Marzo 2025

ISBN papel: 978-84-685-8752-3
Depósito Legal: M-8525-2025

Editado por Bubok Publishing S.L.
equipo@bubok.com
Tel: 912904490
Paseo de las Delicias, 23
28045 Madrid

Reservados todos los derechos. Salvo excepción prevista por la ley, no se permite la reproducción total o parcial de esta obra, ni su incorporación a un sistema informático, ni su transmisión en cualquier forma o por cualquier medio (electrónico, mecánico, fotocopia, grabación u otros) sin autorización previa y por escrito de los titulares del copyright. La infracción de dichos derechos conlleva sanciones legales y puede constituir un delito contra la propiedad intelectual.

Diríjase a CEDRO (Centro Español de Derechos Reprográficos) si necesita fotocopiar o escanear algún fragmento de esta obra (www.conlicencia.com; 91 702 19 70 / 93 272 04 47).

Dedicado a Warren Buffett, Charlie Munger y Peter Lynch.

Las personas que me enseñaron todo lo que sé.

INTRODUCCIÓN

La pregunta que todo inversor se hace al principio de su carrera es muy probablemente cómo conseguir la libertad financiera lo más rápidamente posible. Todos nos hemos preguntado en algún punto cuál es la forma correcta de invertir. O lo que es más importante, cómo evitar perder lo que tanto esfuerzo nos ha costado ganar.

La propuesta que haremos en este libro para responder a esas cuestiones es tremendamente sencilla pero a su vez está impregnada por una lógica aplastante. Iremos directos al grano sin perder el tiempo en palabras vacías. El secreto es tan simple como preguntarse quién es el mejor inversor de la historia y hacer exactamente lo mismo que él.

Pues bien, si nos ceñimos a los datos el mejor inversor de todos los tiempos ha sido sin ninguna duda Warren E. Buffett, apodado como el Oráculo de Omaha. Este individuo singular posee el increíble record de haber sido capaz de multiplicar su dinero por diez millones de veces. Y lo consiguió exclusivamente invirtiendo su capital de $10,000 dólares cuando tenía 21 años hasta transformarlo en cerca de $100,000 millones de dólares en la actualidad. Si le hubiésemos dado $1 para que lo invirtiese por nosotros, ahora mismo tendríamos $10 millones.

En sus inicios Buffett estudió y trabajó bajo la tutela de Benjamin Graham, el padre de la inversión en valor. Tras ello fundó su propio fondo de inversión y literalmente destrozó a los índices bursátiles con rentabilidades superiores al 50% anual. Posteriormente se hizo con el control de la antigua compañía textil Berkshire Hathaway, casi quebrada, convirtiéndola en un holding a través del que realiza sus inversiones en bolsa y en compañías privadas desde 1965. El precio de las acciones de Berkshire se ha multiplicado por 38,000 desde su salida a bolsa, gracias a la habilidad inversora de Buffett.

La pregunta inicial ha quedado solventada. A partir de ahora preparémonos para un largo camino, porque desde este preciso momento Warren Buffett se convertirá en nuestro maestro. Un maestro que no nos cobrará nada y del que aprenderemos más que en cualquier máster sobre finanzas. A partir de ahora seremos alumnos de la *Universidad de Berkshire Hathaway*.

Tendremos además la suerte de que este prodigio de las finanzas no esconde su método de inversión. Al contrario, todas y cada una de sus apariciones públicas o sus artículos en prensa son prácticamente clases magistrales en las que explica la manera correcta de invertir. Y si Buffett es nuestro profesor, sus conferencias se convertirán en sus clases y sus escritos en su bibliografía. Leeremos todo lo que se pueda leer sobre él, sus cartas a accionistas, todos los libros que lo mencionan y todos los informes anuales de Berkshire. También veremos todas sus entrevistas en televisión y todas sus intervenciones en las reuniones anuales de su compañía.

Es posible que también creamos conveniente beber de la misma fuente de la que bebió Buffett en sus orígenes, nos sumergiremos en los libros de Benjamin Graham, que son probablemente los más sensatos y revolucionarios que se hayan escrito sobre inversión.

Cuanto más nos empapemos de la sabiduría de estos genios más claro tendremos cuál es el camino correcto a seguir, es decir, el camino de la inversión en valor. Y para terminar continuaremos aprendiendo de otros inversores que siguen los principios del *value investing*, como por ejemplo Charlie Munger, Peter Lynch, Mohnish Pabrai o Joel Greenblatt.

En una ocasión Charlie Munger mencionó que la inversión en valor es la única forma inteligente de invertir, entendiendo inversión en valor como el proceso de comprar activos pagando por ellos menos de lo que valen en realidad. Warren Buffett también ha mencionado varias veces que todos los inversores que se ciñeron fielmente a las enseñanzas de Benjamin Graham han obtenido resultados muy superiores a la media. Puedo atestiguar personalmente que eso es cierto. Adherirse a los principios de Graham y Buffett producirá unos resultados en el largo plazo ampliamente superiores a los del mercado.

Sin embargo no todo el mundo está cualificado para llegar a ser un buen inversor en valor. Se trata de un concepto que o bien entiendes a la primera porque es natural para ti, o bien nunca lo entenderás. Para ser un buen inversor se necesitan dos cosas. La primera es tener un temperamento estable y pensamiento independiente. En la bolsa no se gana por estar de acuerdo con los demás sino porque tus razonamientos sean correctos. Debes tener la suficiente personalidad como para continuar fiándote de tus propias decisiones aunque todo el mundo te diga lo contrario después de que el precio haya caído un 50 %.

La segunda característica que necesitas es mucho más sencilla de obtener y es la que te proporcionará este libro. Ser capaz de diferenciar entre precio y valor. Cuando finalices la lectura serás capaz de estimar cuánto vale un negocio que se encuentre dentro de tu círculo de competencias.

Estás a punto de convertirte en un inversor racional que le compra a los pesimistas y le vende a los optimistas. Uno que será capaz de analizar acciones por sí mismo y de aprovecharse de la psicología del mercado en su favor. Aprenderás cómo calcular el valor intrínseco de cada empresa y cómo actuar en las caídas y en las burbujas. Léete todas y cada una de las secciones y te aseguro que lo agradecerás.

Considera este libro como un pequeño resumen del método de inversión de Warren Buffett.

BLOQUE I:
PSICOLOGÍA DEL MERCADO

CAPÍTULO 1:

¿QUIÉN ES *MR. MARKET*?

Las bolsas de valores son mercados financieros en los que miles de compradores y vendedores se reúnen para intercambiar acciones, bonos, contratos de materias primas y otros activos financieros. Una acción es un título que representa una fracción de la propiedad de una empresa. Esto significa que la bolsa es el lugar en el que los propietarios de las compañías se reúnen para comprar o vender fragmentos de esos negocios. La cotización de una acción en un instante determinado representa el precio al que se ha cerrado la última transacción en el mercado entre un comprador y un vendedor.

La bolsa es por lo tanto una de las mayores bendiciones para un pequeño inversor con pocos recursos, porque es el lugar en el que podemos convertirnos en propietarios de grandes compañías con enormes ventajas competitivas. ¿En qué otro lugar del mundo podrías adquirir una empresa con la calidad de Apple o Coca Cola, por un precio total adaptado a las posibilidades financieras de tu bolsillo?

Si sales a la calle, entras en el primer negocio que veas y les ofreces $100 a cambio de una parte proporcional de los beneficios, lo más probable es que te inviten a marcharte. Sin embargo esto es una realidad en el mercado de valores.

La liquidez de los activos negociados en bolsa es muy alta, puedes comprar al instante cualquier empresa y puedes invertir cantidades realmente pequeñas. Además, puedes seleccionar el negocio en el que inviertes y esa compañía tiene la obligación de mostrarte todas sus cuentas y estados financieros. Sin embargo, la gran liquidez de la bolsa es también su mayor defecto porque la convierte en una especie de mercado basado en subastas de precios. Y ese tipo de mercados tienden a tener una alta volatilidad, porque cualquier noticia positiva o negativa en un momento dado producirá fluctuaciones enormes debidas a la avaricia o al miedo de los especuladores.

En la actualidad es ampliamente aceptada la teoría del mercado eficiente, o *Efficient Market Hypothesis (EMH)*. Esta doctrina académica afirma que el mercado de valores es informacionalmente eficiente y que el valor de los activos está siempre reflejado en el precio de forma correcta. Es decir, todos los miembros del mercado conocen toda la información sobre una acción determinada y por lo tanto estará siempre correctamente valorada. Esa acción nunca estará sobrevalorada o infravalorada, ya que cualquier cambio, evento o posibilidad futura se ajustará inmediatamente en el precio de forma correcta.

Que se lo digan a Warren Buffett, el cual durante los últimos 57 años ha tenido unas ganancias acumuladas 150 veces superiores que las del mercado. El truco aquí está en que la verdad no se alcanza por votación popular. De la misma forma que no reunimos a cien personas que estudiaron algo de física en la escuela para diseñar una nave espacial, tampoco podemos asumir que el mercado de valores sea eficiente asignando precios cuando la mayoría de sus integrantes o bien no tienen ni idea de finanzas, o bien no están interesados en el concepto de valor (sino más bien en intentar predecir precios dibujando líneas en un gráfico). Asúmelo desde el principio, la bolsa no son un puñado de señores de traje y con conocimientos ultra avanzados. En su mayoría está formada más bien por analfabetos financieros y futurólogos, pero muy poca gente que realmente sepa lo que está haciendo.

¡EL MERCADO NO ES EFICIENTE!

Imagina que una mañana temprano alguien pierde un billete de $100 dólares en la calle. Cuando pasa el primer transeúnte lo ve y piensa: "Este billete es imposible que sea auténtico. Ya tendría que habérselo guardado alguien, seguro que es falso". Y entonces pasa de largo sin hacerle demasiado caso. Luego pasa un segundo peatón y dice: "¿Quién iba a ser tan tonto como para dejar aquí $100 dólares? Es imposible que yo tenga tanta suerte. Además, aquel otro tipo tampoco agarró el billete. No puede ser de verdad, ni siquiera me voy a agachar a comprobarlo". Entonces también pasa de largo. Y lo mismo sucede con el tercero, el cuarto y así sucesivamente. Nadie se para a recoger el billete porque todos piensan que el "mercado" de objetos perdidos es "eficiente" y que cualquier billete perdido habría ido a parar instantáneamente al bolsillo de alguien. Esta es la metáfora perfecta de cómo funciona la falacia del mercado eficiente.

Sin embargo, es de enorme utilidad que si vas a jugar a un juego, los otros jugadores piensen que ignorar las reglas les dará una ventaja sobre ti. Los inversores en valor ganan dinero gracias a la volatilidad y a la estupidez de los demás integrantes del mercado, que permiten que de vez en cuando aparezcan gangas increíbles que podemos comprar por precios muy inferiores a su valor real. Por suerte para nosotros, en el mercado de valores el suministro de estúpidos es amplio.

El padre de la inversión en valor, Benjamin Graham, solía decir que habitualmente el mercado es como un individuo maníaco-depresivo, llamado *Mr Market*. El "Sr. Mercado" vendrá todos los días a nosotros y nos ofrecerá un precio por nuestras acciones. Unos días serán precios ridículamente altos y otros días serán precios estúpidamente bajos. Todo dependerá del humor que tenga el "Sr. Mercado" ese día.

Nuestra función por lo tanto es ignorar completamente al mercado la mayoría de las veces, pero si en algún momento nos quiere vender sus acciones por precios realmente bajos se las compraremos con gusto. Por otro lado, si en algún momento nos ofrece por nuestras acciones precios exageradamente altos también se las venderemos. Nosotros sabemos cuánto valen nuestras acciones realmente y esa es nuestra ventaja. No debemos dejarnos llevar por la impulsividad, la avaricia o el miedo a lo que nos diga. El mercado no está ahí para instruirnos, está para servirnos. Cuando se presente la oportunidad adecuada nos aprovecharemos de él y sus ofertas, el resto del tiempo permaneceremos inmóviles sin hacer tonterías.

CAPÍTULO 2:

¿ES SEGURO INVERTIR EN BOLSA?

Cuando la mayoría de personas escuchan la palabra bolsa, o inversiones, les viene a la cabeza la imagen de un casino. El 99 % de la gente común cree que invertir es muy arriesgado, que es algo reservado a un selecto grupo que tiene dinero. Para ellos, lo más seguro es tener el dinero ahorrado en el banco, o en el peor de los casos, debajo del colchón. Nada más lejos de la realidad.

Invertir es la manera menos arriesgada que existe para conservar el patrimonio y acumular riqueza a largo plazo. Pero aclaremos algunos conceptos primero.

INVERTIR NO ES ESPECULAR

Invertir y especular son dos cosas muy distintas. Invertir consiste en adquirir un activo, generalmente a largo plazo, con la intención de que genere dinero para nosotros. Especular consiste en intentar predecir el comportamiento del precio de un activo para venderlo por una suma mayor que por la que lo adquiriste inicialmente. Comprar un negocio como un restaurante y explotarlo es invertir. Comprar un kilo de marisco dos meses antes de Navidad es especular. Eso y cualquier otra cosa que implique basarse únicamente en el precio de un bien para hacer conjeturas sobre el futuro. Especular es extraordinariamente arriesgado y conduce a la mayor parte de los especuladores a perder dinero a largo plazo.

LAS ACCIONES SON EMPRESAS

En segundo lugar, invertir en bolsa no es igual que jugar en el casino. **Las acciones no son boletos de lotería, sino que cada una de ellas representa una pequeña parte de la propiedad de una empresa.** Tener acciones de Coca-Cola es exactamente igual que ser el propietario de toda la compañía Coca-Cola, pero con la gran ventaja de que no necesitamos tener los $250,000 millones que cuesta en el mercado.

Los precios de las acciones no suben y bajan aleatoriamente. **Su comportamiento a largo plazo representará fielmente lo bien que vaya el negocio de la compañía** y la cantidad de efectivo que pueda generar. Sin embargo, a corto plazo puede pasar cualquier cosa. En temporalidades de horas, días o incluso semanas, lo que mueve al mercado son los especuladores. En el corto plazo son sus sentimientos de avaricia o miedo los que mueven el precio en un sentido u otro.

El mercado no se puede predecir. Grábate esto bien en la cabeza porque te salvará de hacer muchas tonterías. No existe absolutamente nadie en el mundo que pueda dibujar unas líneas en un gráfico y decirte con un 100 % de certeza que mañana el precio de cierta acción va a subir. Es totalmente imposible. Pero entonces… ¿cómo ganan dinero los *traders*?

Para responder a esa pregunta trasladémonos por un segundo a un lugar que a los especuladores le encantaría, un casino. Es bien sabido que han existido ciertos individuos que generaron estrategias de juego que les hicieron ganar al *Blackjack* de forma consistente, pero ¿cómo lo hicieron?

Sencillo, se dedicaron a intentar buscar anomalías en el juego o en el entorno que les proporcionasen cierta ventaja estadística. Consiguieron que su método de juego les proporcionase una pequeña probabilidad de ganar ciertos juegos. Por ejemplo una probabilidad del 50.1 % de ganar frente al 49.9 % de perder.

Entonces sólo necesitaron repetir su sistema infinidad de veces para explotar su ventaja estadística y ganar algunos dólares.

El sistema que emplean los *traders* es similar. Si le preguntas al *trader* medio si una acción va a llegar a cierto precio, tendrá el mismo éxito adivinándolo que si se lo preguntas a una mona señalando números con los ojos vendados. De hecho es probable que la mona tenga más éxito.

NO HAGAS *TRADING*

Hemos dicho que el precio es imposible de predecir en el corto plazo, pero también es cierto que los precios tienden a generar ciertos patrones en los gráficos. Todo lo relacionado con el análisis técnico: canales, soportes, resistencias, gaps, ondas de Elliott, niveles de Fibonacci, etc. Hasta cierto punto, tener a un montón de especuladores utilizando los mismos sistemas hace que esos patrones se conviertan en la profecía auto-cumplida. La palabra clave en todo esto es "tienden". Es inútil tratar de justificar de forma precisa hasta qué niveles subirá o bajará el precio de una acción.

Los mejores y más experimentados *traders* pueden tener una media de acierto que no suele superar el 60 % del total de sus apuestas. Lo que hacen para ganar de forma consistente es intentar gestionar correctamente sus estrategias de riesgo, intentando ganar mucho cuando aciertan y perdiendo poco cuando fallan. Buscan las operaciones con los mejores ratios riesgo-beneficio, dejando correr las ganancias en las estrategias que aciertan y cerrando rápidamente sus posiciones en las que se equivocan. De esa forma se aprovechan de la pequeña ventaja estadística que los separa del 50-50.

El gran problema es que el trading es un juego de suma cero. No se genera riqueza como cuando una empresa te reparte sus beneficios. En el *trading* y la especulación el dinero sólo cambia de manos. Para que unos cuantos ganen, muchos otros deben perder. Si crees que puedes ganar a los profesionales del *trading* o a los grandes inversores institucionales en su propio juego, inténtalo. Pero perderás dinero casi con toda certeza. Mantente alejado del análisis técnico y de la especulación. Sé un inversor en valor y no competirás con nadie, los chicos de las empresas de las que seas propietario ganarán dinero para ti. A partir de este punto olvídate del análisis técnico para siempre y conviértete en el propietario de empresas, no en un jugador de casino.

DIFERENCIA ENTRE PRECIO Y VALOR

En cuarto lugar, debes saber diferenciar entre precio y valor. El hecho de que el precio de tus acciones caiga en un determinado momento no significa que hayas perdido dinero, siempre y cuando no cometas la estupidez de vender después de la caída. El precio de cotización de una acción no es más que un número irrelevante generado por la avaricia o el miedo de los especuladores y que baila todo el rato alrededor del realmente importante, que es el valor de la compañía.

El valor de las acciones es en realidad lo que valen los activos de la empresa más todo el flujo de efectivo que generará el negocio en el futuro. Si el precio de una acción cae, pero la empresa sigue siendo igual de buena y ganando lo mismo, entonces no has perdido nada. El valor subyacente sigue estando ahí sin importar lo que diga el precio. Cuando llegue el momento el precio reflejará el valor real.

El dinero sólo lo pierdes si haces la tontería de vender tus activos por miedo a una caída en el precio, siguiendo la histeria colectiva del mercado. No serías muy listo si vendes tus acciones de la mejor empresa del mundo sólo porque hayan caído un 50 %. La compañía seguirá generando valor y a largo plazo volverá a subir. Si te asusta que tus acciones estén cayendo mientras la compañía ingresa cada vez más, es que no has entendido nada sobre la diferencia entre precio y valor. Hablaremos más en detalle sobre este concepto en el siguiente capítulo.

EL RIESGO NO ES LA VOLATILIDAD

Finalmente, otro concepto que debemos tener claro es qué es el riesgo. Habitualmente el riesgo en bolsa se identifica con la volatilidad en el precio. Este es otro de los mayores errores que puedes cometer. De la misma manera que no te metes en un portal inmobiliario cada día para comprobar el precio de tu casa recién adquirida, tampoco puedes hacerlo con las acciones. El riesgo de haberte comprado tu casa no tiene nada que ver con que mañana los pisos similares al tuyo se vendan un poco más baratos.

Si las acciones que posees caen un 90 % debido a la estupidez del mercado, pero la compañía sigue siendo igual de buena, no tienes más riesgo, tienes menos. Ahí es cuando deberías comprar, no vender. A menor precio menor riesgo. Si vas a ser un comprador neto de acciones a largo plazo lo que quieres es que los precios sean lo más bajos posible, que sean baratos, al igual que quieres el pan barato cuando vas al supermercado. El riesgo en realidad es perder dinero de forma permanente, es decir que el negocio quiebre o pierda su capacidad de generar beneficios.

El gráfico inferior izquierdo muestra una empresa cuyos beneficios han crecido de forma exponencial a lo largo del tiempo, pero su precio se ha mantenido plano y con una alta volatilidad. Por otro lado, el gráfico inferior derecho pertenece a una empresa que ha mantenido sus beneficios prácticamente constantes. Sin embargo su precio se ha disparado, subiendo además sin apenas volatilidad. ¿Qué acción crees que es más arriesgada al final del período?

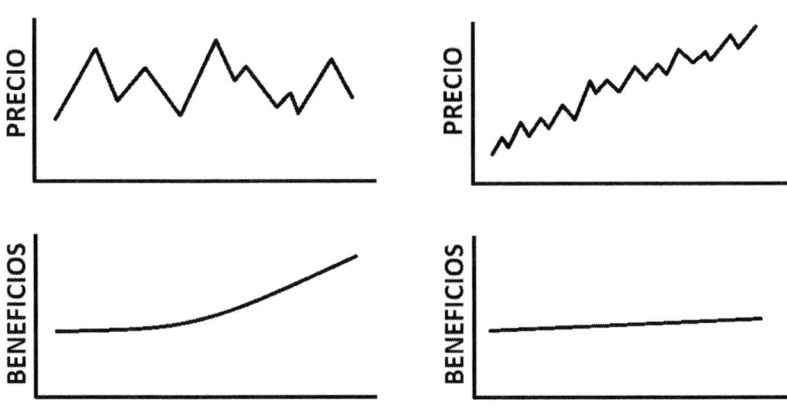

Obviamente la más arriesgada es la de la derecha, porque su aumento de precio no ha ido acompañado por aumento de beneficios y por lo tanto está cada vez más cara. Es una clara candidata a pasar un largo período de estancamiento o un desplome pronunciado, simplemente por regresión a la media de sus múltiplos habituales. La empresa de la izquierda verá su precio disparado a largo plazo acompañando al crecimiento de sus beneficios.

Es también generalmente aceptado por las masas que el efectivo es muy seguro. Los bonos serían lo más seguro después del dinero en metálico y las acciones son lo más arriesgado de todo. Esto es totalmente falso y se basa en el error anterior, el de equiparar volatilidad con riesgo. O también con otro gran error, el de pensar que necesitas exponerte a un mayor riesgo para tener una mejor rentabilidad. De hecho es justo lo contrario, a menor riesgo mayor rentabilidad.

Si observamos el gráfico semilogarítmico siguiente podemos ver uno de los hallazgos que el profesor de *Wharton* Jeremy Siegel publicó en su famoso libro *Stocks for the long run*. Se pueden observar las rentabilidades de varias clases de activos durante los últimos 200 años en Estados Unidos. En él se indica la evolución de un dólar invertido en el año 1800 a lo largo de la historia.

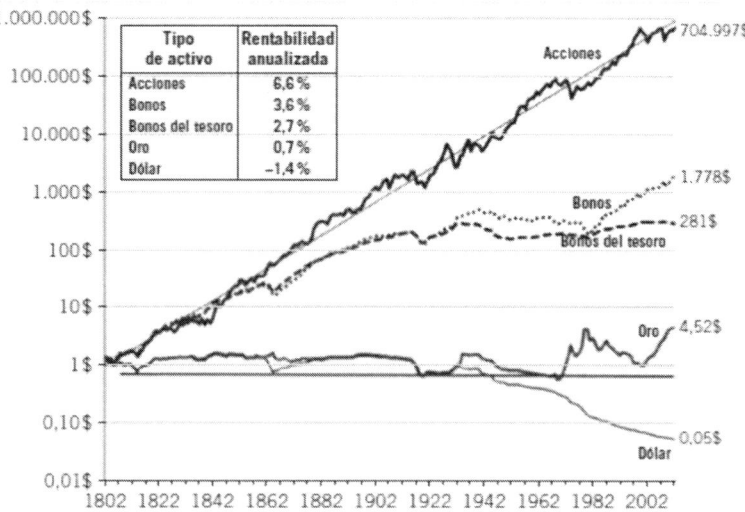

Tipo de activo	Rentabilidad anualizada
Acciones	6,6 %
Bonos	3,6 %
Bonos del tesoro	2,7 %
Oro	0,7 %
Dólar	−1,4 %

Podemos observar que tener dinero en efectivo es lo más arriesgado de todo a largo plazo, ya que en períodos largos de tiempo pierde prácticamente la totalidad de su valor debido a la inflación.

El oro y otros activos no productivos tienden a mantener su valor, pero no generan grandes rentabilidades a largo plazo. En el gráfico su línea es casi plana. Los bonos y la deuda han generado históricamente una rentabilidad real cercana al 3 %.

Por otro lado, en el gráfico se ve claramente que la otra cara de la moneda son las acciones. En EE. UU. han tenido una rentabilidad media real cercana al 7 % históricamente y han crecido sin parar de forma exponencial. Esto demuestra de manera contundente y sin lugar a dudas que las acciones son el activo que mayor rentabilidad genera.

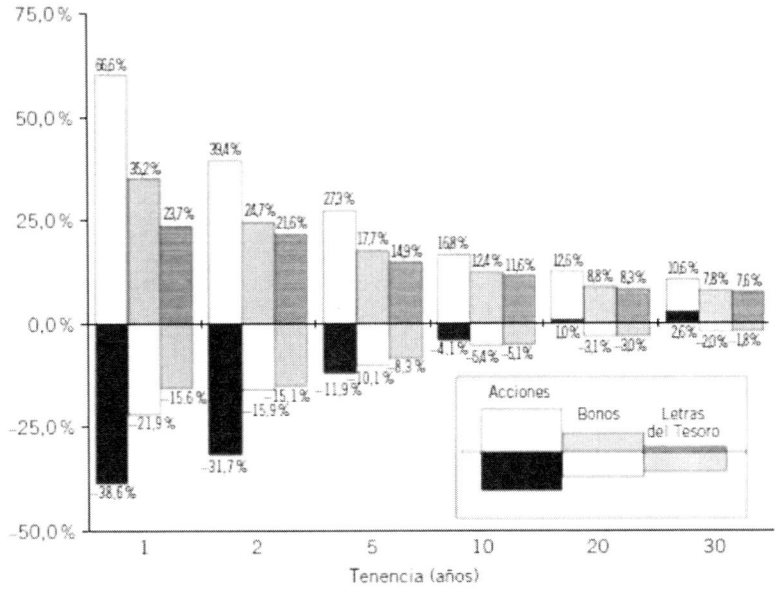

En este otro gráfico podemos ver la mejor y peor rentabilidad de varias clases de activos en función del período de tenencia. Ha sido elaborado también teniendo en cuenta todos los períodos de los últimos 200 años.

Si bien es cierto que en períodos cortos de tenencia, las acciones son el activo más volátil, en el largo plazo son el más estable y menos volátil. A partir de 10 años de tenencia no ha habido ningún período en que la rentabilidad real mínima de los bonos haya superado a la de las acciones. Y a partir de 20 años de tenencia no ha habido ningún momento en que el conjunto del mercado de acciones haya tenido rentabilidad negativa. Es decir, que en períodos largos la volatilidad de las acciones es menor que la de los bonos.

Por lo tanto, si recapitulamos todo lo anterior, entenderemos que invertir en bolsa a largo plazo es muy seguro. Lo que es arriesgado es no saber lo que estás haciendo, o hacer tonterías dejándote llevar por la avaricia o el miedo.

Si lees y te formas sobre contabilidad, sobre economía y tienes un temperamento estable, la bolsa es el lugar donde debes tener todo el dinero que no necesites en los próximos 15 o 20 años.

Seleccionar acciones individuales mediante el *value investing* es lo mejor. Pero si no posees los conocimientos ni el temperamento, invierte en un fondo índice del S&P 500 y no lo retires durante los próximos 20 años. Probablemente ganarás dinero. En cualquier caso, ni se te ocurra siquiera vender solamente porque el precio del índice esté cayendo.

BLOQUE II:

¿CUÁNTO VALE REALMENTE UN NEGOCIO?

CAPÍTULO 3:

DIFERENCIA ENTRE PRECIO Y VALOR

Uno de los conceptos más cruciales que debes entender para invertir en bolsa es la diferencia entre precio y valor. **El precio es lo que pagas por algo y el valor es lo que recibes**, es decir la capacidad futura de generar beneficios.

En este momento puede que pienses que eso es una tontería. Puede parecer sencillo, pero te aseguro que no lo es. De hecho, si alguna vez has sentido incomodidad cuando veías caer tus acciones, es porque no has entendido esta diferencia. Veamos un ejemplo con un activo no cotizado para que puedas entenderlo mejor.

Si te compras un restaurante por $100,000 no lo venderías al día siguiente sólo porque venga alguien a ofrecerte $50,000 ¿verdad? Tratarías a ese individuo como a un loco. Sin embargo esto sucede constantemente en la bolsa. Puedes tener acciones de un negocio maravilloso, pero si el precio cae un 50 %, entonces la mayoría de la gente se asustará y querrá vender. No lo harían con su restaurante, seguro.

Esto sucede precisamente porque la gente no entiende que el precio de una acción no nos dice absolutamente nada sobre ella.

Creen que el precio que indica el gráfico de la cotización es el valor de la acción y que, si cae, perderán dinero. Pero no, ese precio no es más que el resultado del consenso de todos los participantes en el mercado, de los cuales la mayoría no tienen ni idea de lo que están haciendo. Si juntas a un puñado de analfabetos, no les puedes pedir que por consenso descubran la teoría de la relatividad. Tampoco les puede pedir que asignen un precio acertado a una acción.

Por otro lado, el resto de participantes del mercado son *traders*. ¿Crees que a un tipo que está pendiente de si el precio alcanza el 1.618 de Fibonacci le importa algo si ese precio tiene sentido en relación con el valor de la empresa? No, para nada. Pues toda esa gente contribuye con su granito de arena a la fijación del precio de las acciones, no esperes que los mercados sean eficientes. Las teorías sobre mercados eficientes no son más que tonterías. Recuerda que el "Sr. Mercado" es un loco que no sabe lo que hace. No dejes que te convenza con sus locuras, aprovéchate de ellas.

Una de las razones por las que podemos ganar mucho dinero en las bolsas de valores es que se basan en subastas. Los mercados en los que la fijación de los precios se realiza con mecanismos similares a subastas tienden a que sus precios se disparen o se desmoronen sin razones lógicas, simplemente por los sentimientos de sus participantes o por su irracionalidad.

A modo ilustrativo, digamos que compramos un piso en el centro de una gran ciudad por un millón de dólares. Posteriormente hacemos una investigación y llegamos a la conclusión de que el precio pagado era el adecuado. Sin embargo, no contentos con eso, queremos saber cómo cambia el precio de ese piso cada día.

Entonces llamamos a nuestra agencia inmobiliaria y le decimos a nuestro agente: "Escucha, vamos a tener una charla todos los días y vas a decirme cuál es el precio de mercado de mi piso en cada momento".

Así que al día siguiente lo llamamos de nuevo y le preguntamos cuál es el precio del piso. Él dirá que es un millón. Después de dos días lo volvemos a llamar y entonces él diría algo así como: "Escucha idiota, todavía es un millón".

Tras varios meses fastidiando al pobre hombre, al final un día nos diría lo siguiente: "Sabes, hay un pequeño cambio en el sector ahora, en realidad ahora vale $1.05 millones. Ha subido un 5 %".

Si hiciésemos eso todos los días y anotásemos la cifra que nos proporcionó el agente inmobiliario durante todo el año, probablemente comprobaríamos que el precio se movió entre $0.95 y $1.15 millones, o algo similar a eso.

Ahora digamos que montamos una empresa inmobiliaria cotizada en bolsa, pero cuyo único activo sea ese piso. Entonces veríamos que todos los días el precio hace lo que sea que esté haciendo en el mercado. Al final del año comprobaríamos que entre el precio más alto y el más bajo del rango en que se movió la acción podría haber fácilmente una diferencia mayor al 50 %. La razón es que en los mercados que se basan en subastas los precios de los activos tienden a producir grandes rachas alcistas y también grandes caídas. Es precisamente esa sobrevaloración e infravaloración lo que crea oportunidades para los inversores inteligentes.

Entonces, básicamente la idea de que nos asustemos por una caída del precio de nuestras acciones y que vendamos por miedo es algo así como que nuestro agente inmobiliario nos diga que el piso ha caído un 20 % y que nosotros le pidamos que lo venda inmediatamente a cualquier precio.

¿Por qué la gente no vende su casa de toda la vida en una crisis de mercado pero sí venden sus acciones? Quizás una de las respuestas a esta pregunta es que la casa la pueden ver y tocar. Las acciones sin embargo sólo representan para ellos números que suben y bajan en una pantalla. No son realmente conscientes de lo que son en realidad, una pequeña parte de una empresa. Y aquí está el problema principal, la mayoría de los inversores no entienden realmente de lo que están comprando, ni tampoco saben realmente cuál es su valor.

Cuando investigamos para comprar el piso inicialmente, llegamos a la conclusión de que lo hacíamos al precio correcto y nos mantendríamos en esa convicción aunque viniese alguien al día siguiente a ofrecernos menos. Entonces si compramos una acción a un precio que sabemos que es razonable, ¿por qué deberíamos venderla si cae a la semana siguiente? Eso es un comportamiento completamente irracional. La bolsa es el único lugar en el que cuando hay rebajas los clientes salen corriendo de la tienda.

Puede que sigas creyendo que si una acción cae es porque existe un motivo justificado, pero nada más lejos de la realidad. En multitud de ocasiones un simple dato puntual sin importancia que el mercado ve de forma negativa puede desencadenar un auténtico colapso del precio de una acción. Incluso los casos de sucesos importantes que realmente justifican una caída o una subida, suelen dar lugar a colapsos o carreras alcistas mucho más pronunciados de lo que el sentido común sugeriría.

Son enormemente comunes los casos de empresas tecnológicas con altos crecimientos y que están en la cresta de la ola incluso sin tener beneficios. Pero el mercado las hace dispararse a valoraciones estratosféricas ignorando incluso que esos crecimientos no serán sostenibles eternamente. También sucede lo opuesto a veces, compañías con precios inferiores a su valor de liquidación, o incluso inferiores al efectivo neto.

Un ejemplo concreto es Texas Pacific Land, una corporación americana dueña de 800,000 acres de terreno petrolífero y que cobra *royalties* por él. Durante el colapso del mercado en 2020 la compañía completa se vendía por un precio incluso inferior al del valor total de sus terrenos. Otro ejemplo es Prosus NV, dueña de un importante paquete de acciones del gigante chino Tencent y que llegó a cotizar en bolsa a un precio bastante inferior al que cotizaba su paquete de acciones de Tencent. Como hemos mencionado anteriormente, el mercado está muy lejos de ser eficiente, por suerte para nosotros.

El precio de una acción puede llegar a ser muy volátil y alcanzar extremos totalmente irracionales. Por otro lado el valor intrínseco de esa acción suele mantenerse estable o variar de manera muy lineal y tranquila. No olvidemos que una acción representa una fracción de la propiedad de una empresa. Es muy normal que el precio de una acción varíe un 3% o un 4% en un día. Sin embargo, ¿crees que lo que vale realmente esa compañía puede variar un 4% de un día para otro? Absolutamente no. A no ser que suceda algún suceso catastrófico que provoque una destrucción del valor de los activos o una pérdida de la capacidad futura de generar beneficios. De la misma forma, el valor no puede dispararse un

15% en un día simplemente porque la compañía haya reportado mayores beneficios de lo esperado ese trimestre.

En el gráfico inferior puedes ver una representación del valor de cierta empresa superpuesto sobre el gráfico de su cotización.

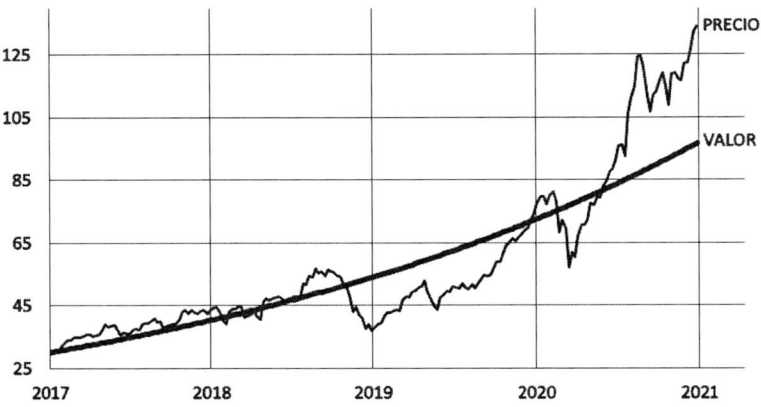

Como puedes observar, la cotización tiende a bailar alrededor de la línea del valor intrínseco, pero a largo plazo siempre la seguirá en el 100 % de los casos. Lo mucho o poco que se desvíe el precio del valor dependerá exclusivamente se los sentimientos de euforia o pesimismo que haya en ese momento en torno a esa acción. Es muy común que haya momentos en los que la acción está extremadamente infravalorada y también momentos en los que esté extremadamente sobrevalorada.

Nuestra misión como inversores inteligentes será buscar empresas que se encuentren infravaloradas por el mercado y venderlas cuando estén sobrevaloradas. Cuanto menor sea el precio de compra respecto al valor intrínseco mayor margen de seguridad tendremos y mayor rentabilidad podremos conseguir sobre nuestra inversión. Es decir, nuestro objetivo en todo momento será comprar activos por menos de lo que valen.

En los siguientes dos capítulos aprenderemos a valorar negocios para identificar correctamente cuál es su valor intrínseco.

CAPÍTULO 4:

DESCUENTO DE FLUJOS DE CAJA

Como hemos subrayado repetidamente en capítulos previos, uno de los secretos más importantes de la inversión es ser capaz de reconocer la diferencia entre precio y valor. Se trata de un concepto muy simple que resulta enormemente complejo de entender para muchos. Cuando adquieres un activo, el precio es lo que pagas y el valor es lo que recibes. Cuando analizas una acción primero debes calcular su valor y sólo después podrás comparar ese valor con el precio al que te la ofrece el mercado. Si el valor es mucho mayor que el precio que pagas, conseguirás buenas rentabilidades. En cambio, si tienes afinidad por adquirir acciones sobrevaloradas lo más probable es que pierdas dinero a largo plazo.

Cuando en 2001, en la Universidad de Georgia, le preguntaron al legendario inversor Warren Buffett qué es el valor intrínseco, él respondió lo siguiente:

> "El valor intrínseco es el número que
> obtienes si puedes predecir todo el dinero
> que un negocio va a generar desde hoy
> hasta el día del juicio final. Descontado con
> la tasa de descuento adecuada"

Veamos qué significa esta frase mediante un sencillo ejemplo. Imaginemos una empresa extractiva que explotará una mina. Creamos la empresa hoy y extraerá la materia prima hasta que se termine. Justo en ese momento se disuelve la empresa y se liquidan todas sus propiedades.

Se sabe a ciencia cierta que el tamaño de la mina le permitirá a la empresa extraer materias primas durante 4 años, que los costes serán siempre los mismos y que no habrá variaciones de precios.

Entonces el primer año se sabe que la empresa conseguirá unos beneficios de $10 millones, el segundo año $10, el tercero $10, y el cuarto otros $10 millones. ¿Y qué sucede el último año? Pues que se liquidará la empresa y vendiendo todos sus activos (como maquinaria e instalaciones) se obtienen otros $30 millones.

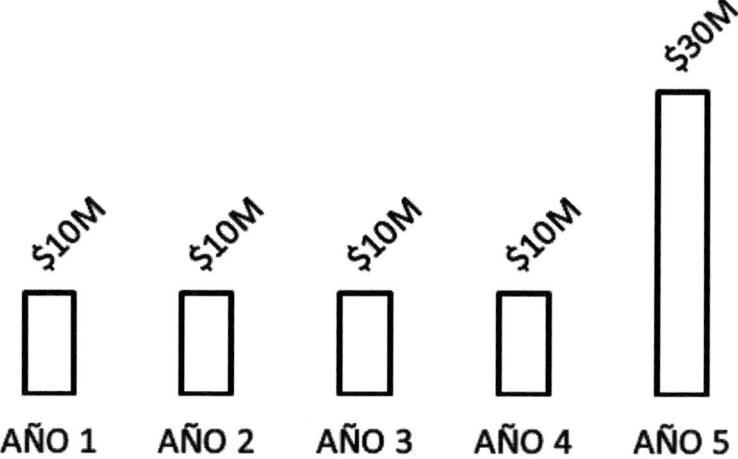

Si sumamos todo el dinero que la empresa generará para el dueño durante sus cinco años de vida obtendremos un valor de $70 millones. Esto es el valor intrínseco.

$$VALOR\ INTRÍNSECO = 10M + 10M + 10M + 10M + 30M =$$
$$= \$70M$$

A partir de aquí un posible comprador debe hacer sus cálculos para ver si le conviene comprar o no. Obviamente, si le piden por ella más de esos $70 millones no la comprará, porque estaría pagando más de lo que generará la empresa y estaría perdiendo dinero.

¿Y qué sucede si le piden $70 millones exactos? Pues que tampoco debería comprarla, porque pueden suceder imprevistos o cualquier problema no contemplado inicialmente. No es sensato pagar $70 millones para volver a recibir la misma cantidad luego y encima asumiendo un riesgo.

Por lo tanto el precio que estará dispuesto a pagar el comprador serán esos $70 millones, pero añadiendo un margen de seguridad que le compense el riesgo.

¿Y cuánto será ese margen? Pues depende. Depende de lo seguro que esté el comprador de que las estimaciones de beneficios anuales sean correctas, de que los activos liquidados se venderán por $30 millones y de que no habrá ningún imprevisto, como que un meteorito caiga encima de la empresa y arrase todo.

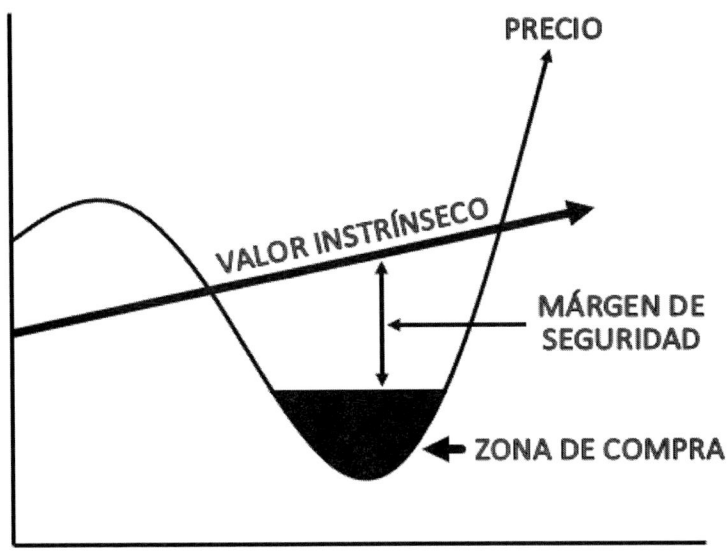

Puede ser por ejemplo que el inversor decida que para sentirse a gusto necesita un margen de seguridad del 50 %, por lo que comprará la empresa sólo si el mercado se la ofrece por $35 millones. En general cuánto mayor margen de seguridad exijas, menor riesgo asumirás y mayor rentabilidad obtendrás, pero también te resultará mucho más complicado encontrar negocios que se vendan en condiciones tan favorables.

La diferencia entre el precio y el valor es lo que llamamos margen de seguridad. Se puede calcular mediante la siguiente fórmula aplicándolo al ejemplo de la mina:

$$MARGEN\ DE\ SEGURIDAD = VALOR - PRECIO =$$

$$= \$70M - \$35M = \$35M$$

También se puede expresar en forma de porcentaje:

$$MARGEN\ DE\ SEGURIDAD\ [\%] = \frac{VALOR - PRECIO}{VALOR} \times 100 =$$

$$= \frac{\$70M - \$35M}{\$70M} \times 100 = 50\ \%$$

Todo el cálculo anterior lo hemos realizado para la compañía completa, pero es exactamente igual para precios por acción. Si esa compañía minera estuviese dividida en un millón de acciones, cada año obtendría un beneficio de $10 por acción, el valor de liquidación de sus activos sería de $30 por acción y el valor intrínseco sería de $70 por acción. Con lo cual es probable que ese inversor tan conservador no comprase acciones a no ser que bajasen a $35 por acción, si siguiese el mismo criterio.

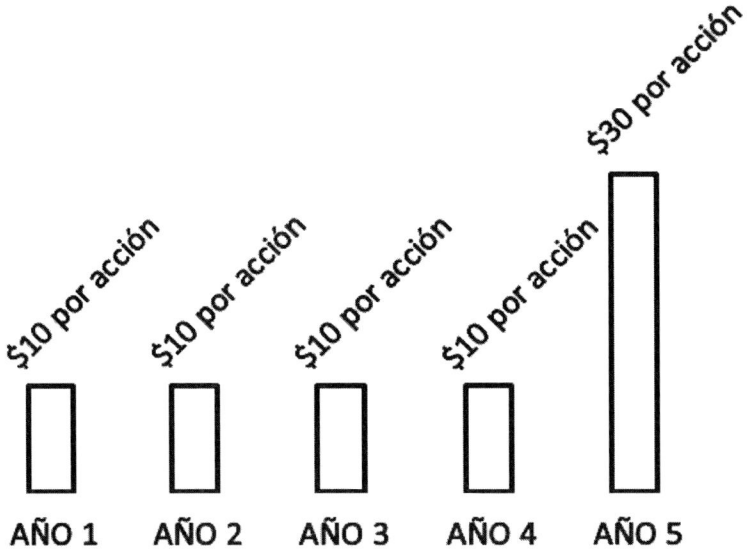

$$\frac{VALOR\ INTRÍNSECO}{DE\ CADA\ ACCIÓN} = \$10 + \$10 + \$10 + \$10 + \$30 = \$70$$

Pero, ahora se nos plantean dos preguntas importantes. La primera pregunta es, ¿qué pasa si no conozco los beneficios que generará la empresa en cada año del futuro? Bueno, bienvenido a la realidad. Si todo fuese tan fácil todo el mundo ganaría, ¿verdad? Es imposible saberlo, no tenemos una bola de cristal. Pero es un hecho que existen unas compañías que son más predecibles que otras. Cuando analizamos una empresa debemos prestar muchísima atención a que su comportamiento pasado haya sido lo más predecible posible.

Da igual que se trate de una compañía cíclica, estable o de crecimiento. En las cíclicas lo que importa es que seamos capaces de predecir con cierta exactitud los beneficios de un ciclo completo. En las empresas que no tienen crecimiento o en las que es muy pequeño debemos dar prioridad a las que hayan tenido unos beneficios constantes y estables durante muchos años, evitando las que tengan beneficios volátiles, que unos años ganan mucho y otros pierden mucho. En caso de empresas de alto crecimiento debemos primar las que hayan tenido un crecimiento de los ingresos y de los beneficios constante, lo más predecible posible.

Cuando Warren Buffett dice que no compra cierta empresa porque no la entiende, no suele ser porque no entienda el funcionamiento del negocio, no es tonto. En realidad se refiere a que no es capaz de predecir los beneficios futuros con exactitud suficiente, según sus propias palabras.

Una vez dicho esto, lo que se suele hacer para extrapolar el futuro de una empresa con beneficios estables es calcular la media de los beneficios que ha tenido los últimos 4 o 5 años y considerar que ese será el beneficio también para cada uno de los próximos años.

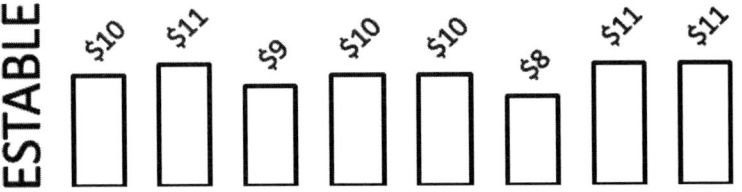

$$BENEFICIO\ FUTURO \simeq BENEFICIO\ MEDIO\ DE\ 5\ AÑOS =$$

$$= \frac{B_{AÑO\ 1} + B_{AÑO\ 2} + B_{AÑO\ 3} + B_{AÑO\ 4} + B_{AÑO\ 5}}{5} =$$

$$= \frac{\$10 + \$10 + \$8 + \$11 + \$11}{5} = \$10$$

Para una empresa cíclica hacemos lo mismo, pero en este caso haremos la media de un ciclo completo. Si por ejemplo el ciclo suele durar 4 años, obtendremos el beneficio medio de esos 4 años y utilizaremos ese dato para nuestros cálculos suponiendo que ese será el beneficio para cada uno de los próximos años.

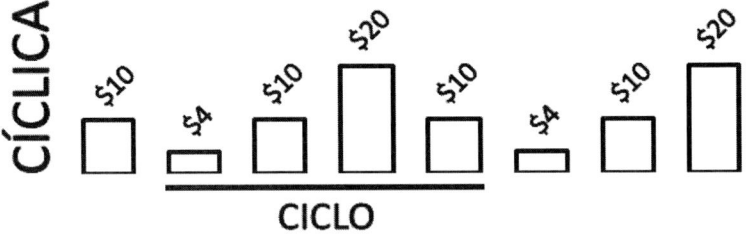

$$BENEFICIO\ FUTURO \simeq BENEFICIO\ MEDIO\ DE\ 1\ CICLO =$$

$$= \frac{B_{PRIMER\ AÑO\ DEL\ CICLO} + \cdots + B_{ÚLTIMO\ AÑO\ DEL\ CICLO}}{NÚMERO\ DE\ AÑOS\ QUE\ DURA\ EL\ CICLO} =$$

$$= \frac{\$4 + \$10 + \$20 + \$10}{4} = \$11$$

Finalmente para empresas de crecimiento, una forma de proceder que da buenos resultados es obtener el crecimiento medio de los últimos 7 o 10 años y extrapolarlo al futuro. Si el crecimiento es muy alto es mejor utilizar un período de cálculo más corto, de 5 años y **nunca supondremos crecimientos mayores al 20 o al 25 % para ninguna empresa.** Para ello dividimos el beneficio actual entre el beneficio pasado y lo elevamos todo a 1 entre el número de períodos. Podemos utilizar este crecimiento directamente, pero lo más sensato es aplicarle una pequeña reducción para considerar la posible ralentización futura.

Usa el sentido común, los crecimientos siempre se frenan mucho con el tiempo, ninguna empresa crecerá a un 40% anual eternamente.

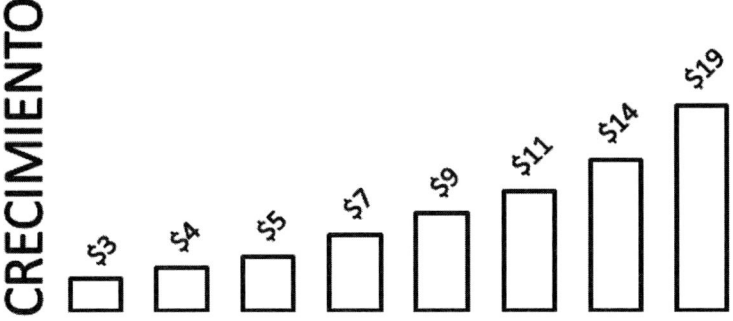

$$TASA\ DE\ CRECIMIENTO\ ANUAL =$$

$$= \left(\frac{B_{ACTUAL}}{B_{PASADO}}\right)^{\left(\frac{1}{N\acute{U}MERO\ DE\ A\tilde{N}OS}\right)} =$$

$$= \left(\frac{\$19}{\$3}\right)^{\frac{1}{7\ A\tilde{N}OS}} = 1.302$$

El crecimiento anterior se puede expresar también en forma de porcentaje restándole 1 y multiplicando por 100.

$$CRECIMIENTO\ ANUAL[\%] = (1.302 - 1) \times 100 = 30.2\,\%$$

Ahora, conociendo el beneficio actual de la empresa y el crecimiento que tendrá, es muy fácil calcular el beneficio de cada uno de los años venideros. Para conocer el beneficio de un año en particular multiplicamos la tasa de crecimiento por el beneficio del año anterior, o bien podemos calcular el beneficio de un año futuro cualquiera mediante la fórmula siguiente:

$$BENEFICIO\ A\tilde{N}O\ "N" =$$

$$= B_{ACTUAL} \times (TASA\ DE\ CRECIMIENTO)^{(N\acute{U}MERO\ DE\ A\tilde{N}OS)}$$

En el ejemplo de la imagen anterior el beneficio 5 años más adelante en el futuro se calcularía de la siguiente forma:

$$BENEFICIO\ 5^{\circ}\ AÑO = \$19 \times 1.302^5 = \$71$$

Aquí hemos utilizado estas cifras concretas a modo ilustrativo, pero recuerda que en realidad no se debería haber utilizado nunca ese crecimiento del 30.2 % para extrapolar beneficios futuros. Habría sido más sensato usar un 20 % como máximo a pesar de que en los años anteriores haya sido superior.

Por supuesto todas las extrapolaciones que hemos hecho para los tres casos anteriores son estimaciones. No hay garantías de que se vayan a cumplir los crecimientos que hemos calculado, pero nos dan una base sobre la que trabajar. Cuanto más predecible sea la compañía que estamos estudiando más fácil será que nuestras expectativas se cumplan. A mayor grado de impredecibilidad, mayor margen de seguridad deberemos aportar a nuestro cálculo. Si la compañía es demasiado impredecible la pondremos en nuestra "pila de cosas demasiado difíciles" y la descartaremos como inversión.

Obviamente, la mejor manera de estar seguros de nuestras estimaciones de beneficios es **no tener que depender únicamente de fórmulas matemáticas, sino conocer tan bien la compañía que podamos estimar sus beneficios futuros basándonos en nuestro conocimiento profundo del negocio** y no en los resultados pasados. Esto requiere que nos convirtamos en verdaderos expertos en la empresa, tanto o más que los propios *insiders*. La única manera de alcanzar ese nivel de conocimiento es leer décadas de informes anuales de la compañía y sus competidoras, además de todas las noticias diarias relacionadas con la empresa.

Sé lo más conservador posible al estimar crecimientos, ya que sobreestimarlos puede arruinar nuestra valoración por completo.

La segunda pregunta que debemos hacernos es, ¿qué pasaría si la compañía no fuese liquidada cuando se acaba la mina? Porque de hecho esto es lo que suele ocurrir. Normalmente compramos una empresa que ya existe desde hace varios años y que no se disolverá hasta dentro de muchos años en el futuro, si es que lo hace.

Podríamos hacer exactamente igual que en el ejemplo original, ir sumando todos los flujos de efectivo que consigue la compañía en cada período durante muchos años en el futuro. Pero el problema aquí, es que cuanto más nos alejemos del presente más imprecisas serán las aproximaciones que hagamos de los beneficios. Es seguro que no tendrás ni idea del beneficio dentro de 50 años. Si intentas hacerlo, tu predicción se alejará bastante de la realidad.

Para solucionar este problema lo que se suele hacer es elegir un período de varios años durante los que seamos capaces de predecir los beneficios razonablemente bien. Puede ser cualquier número. Cinco, ocho, quince… lo que sea que permita hacer una predicción mínimamente correcta, normalmente se elige un período de 10 años.

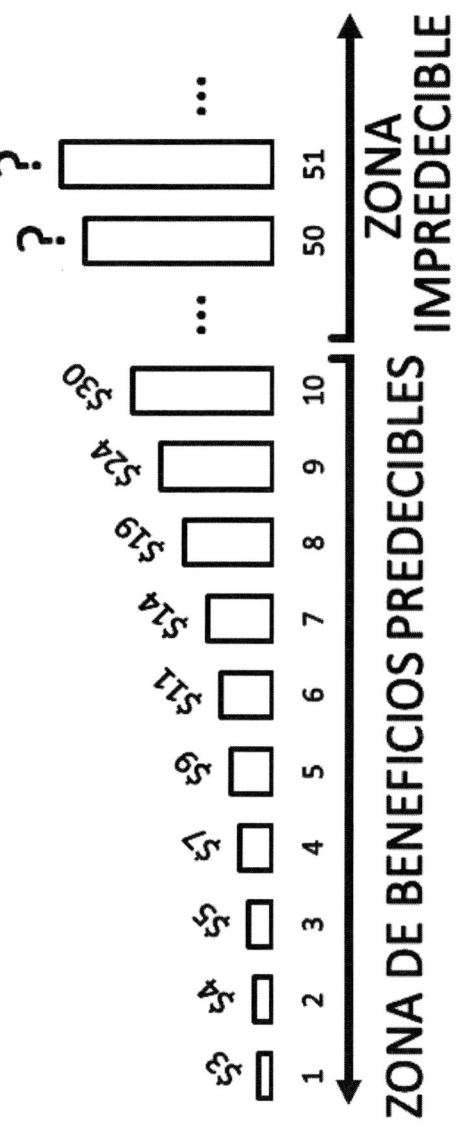

ZONA DE BENEFICIOS PREDECIBLES

ZONA IMPREDECIBLE

Entonces se suman los beneficios de todos esos períodos y en el último se suma también un valor terminal. El significado de ese valor terminal es lo que vale la empresa al final del período de cálculo, es decir, representa el valor de todos los flujos de caja desde el último año del período predecible hasta el día del juicio final. Supongamos un múltiplo terminal de 25 veces beneficios.

$$FLUJO\ DE\ EFECTIVO\ PREDECIBLE =$$

$$= B_{A\tilde{N}O\ 1} + B_{A\tilde{N}O\ 2} + \cdots + B_{\text{ÚLTIMO AÑO PREDECIBLE}} =$$

$$= \$3 + \$4 + \$5 + \$7 + \$9 + \$11 + \$14 + \$19 + \$24 + \$30 =$$

$$= \$127$$

$$VALOR\ TERMINAL =$$

$$= B_{\text{ÚLTIMO AÑO PREDECIBLE}} \times M\acute{U}LTIPLO\ TERMINAL =$$

$$= \$30 \times 25 = \$750$$

$$VALOR\ INTR\acute{I}NSECO =$$

$$= FLUJO\ DE\ EFECTIVO + VALOR\ TERMINAL =$$

$$= \$127 + \$750 = \$877$$

Existen varios métodos para calcular el valor terminal, pero el más sencillo e intuitivo es hacerlo simplemente multiplicando el ratio

PER que creemos que tendrá la acción en el último año por los beneficios por acción del último año. A este ratio PER se le llama también múltiplo terminal y lo recomendable es elegir uno que sea un poco menor al PER medio histórico de esa acción en particular, porque según la compañía vaya madurando, el crecimiento y los múltiplos a los que cotizará serán menores.

Si por ejemplo la compañía en cuestión ha tenido históricamente un precio medio equivalente a 30 veces beneficios, elegiremos un PER de 20 o 25. Veremos más en detalle el significado de la ratio PER y demás múltiplos en el siguiente capítulo.

Ahora compliquémoslo un poco más. ¿A qué se refiere Warren Buffett con descontar el dinero a la tasa adecuada?

Hasta ahora hemos considerado que el dinero valía lo mismo todo el tiempo. Pero, como sabes, no vale lo mismo $1 ahora que dentro de 10 años. Existe algo llamado inflación, que consiste en que debido a las políticas monetarias expansivas de los países, el valor del dinero se reduce año tras año.

En EE. UU. o Europa por ejemplo las políticas de los Bancos Centrales es mantener la inflación cercana al 2 %, lo cual significa que los flujos de efectivo que genera la empresa para nosotros valdrán aproximadamente un 2 % menos cada año. Esto nos empuja a tener que descontar al presente el valor del dinero futuro. Es decir, traer al día de hoy el dinero de mañana, expresando todas las cantidades con la equivalencia que tienen en el presente.

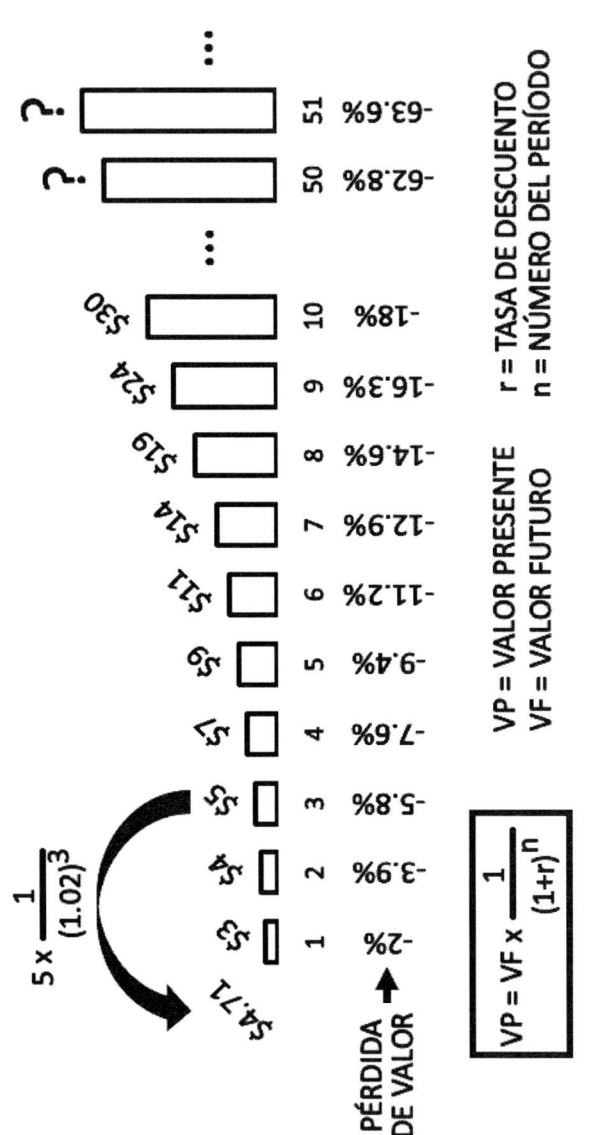

$$5 \times \frac{1}{(1.02)^3}$$

$4.71

PÉRDIDA DE VALOR

$3	$4	$5	$7	$9	$11	$14	$19	$24	$30		$50	$51

-2% -3.9% -5.8% -7.6% -9.4% -11.2% -12.9% -14.6% -16.3% -18% ... -62.8% -63.6%

1 2 3 4 5 6 7 8 9 10 50 51

VP = VALOR PRESENTE
VF = VALOR FUTURO

r = TASA DE DESCUENTO
n = NÚMERO DEL PERÍODO

$$VP = VF \times \frac{1}{(1+r)^n}$$

56

Para ello utilizamos un factor de conversión llamado tasa de descuento, que se aplica mediante la fórmula siguiente:

$$VALOR\ PRESENTE = \frac{VF}{(1+r)^n} =$$

$$= \frac{VALOR\ FUTURO}{(1 + TASA\ DE\ DESCUENTO)^{(N^\circ\ DEL\ PER\acute{I}ODO)}}$$

Puede parecer compleja, pero en realidad es muy sencilla de utilizar. Si por ejemplo queremos saber a cuánto equivalen en el presente $5 ganados dentro de 3 años en un entorno con el 2 % de inflación, procederíamos de la siguiente manera:

$$VALOR\ PRESENTE = \frac{VF}{(1+r)^n} = \frac{\$5}{(1+0.02)^3} = \$4.71$$

Es como dividir $10 entre el 2 % de inflación para saber que de un año para otro han pasado a valer $9.8 de los antiguos aproximadamente. Si aplicamos la tasa de descuento a todos los flujos de efectivo futuros que generará la empresa y finalmente los sumamos todos obtendremos el valor intrínseco tal y como lo definía Warren Buffett. Es decir, la suma de todo el dinero que generará la empresa desde hoy hasta el juicio final, descontado al presente con la tasa de descuento adecuada.

Para una tasa de descuento del 2%…

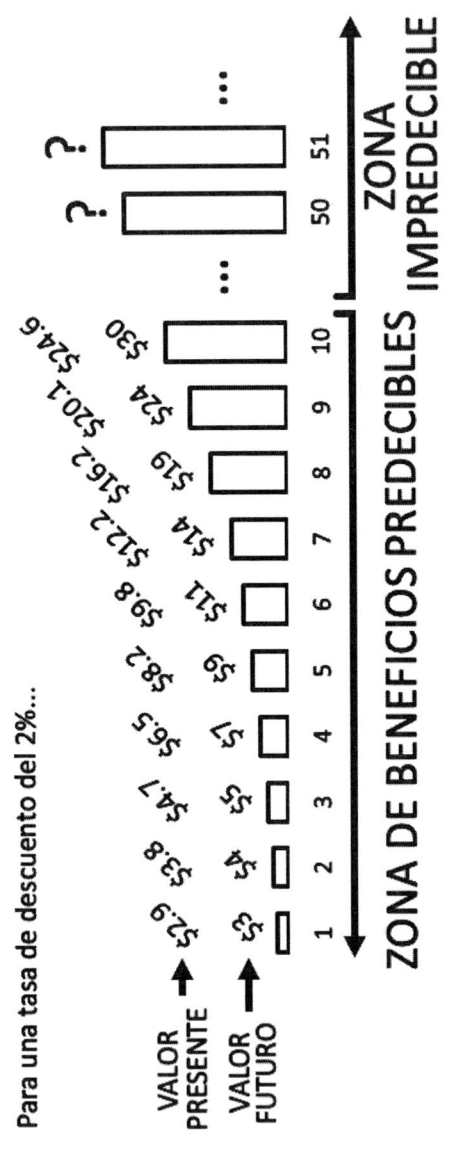

VALOR PRESENTE

VALOR FUTURO

ZONA DE BENEFICIOS PREDECIBLES

ZONA IMPREDECIBLE

	1	2	3	4	5	6	7	8	9	10
VALOR PRESENTE	$2.9	$3.8	$4.7	$6.5	$8.2	$9.8	$12.2	$16.2	$20.1	$24.6
VALOR FUTURO	$3	$4	$5	$7	$9	$11	$14	$19	$24	$30

50 ?
51 ?

Si ahora, después de que hemos traído todos los flujos de efectivo al presente volvemos a calcular el valor intrínseco, obtenemos el siguiente resultado:

$$FLUJO\ DE\ EFECTIVO\ PREDECIBLE =$$

$$= B_{A\tilde{N}O\ 1} + B_{A\tilde{N}O\ 2} + \cdots + B_{\acute{U}LTIMO\ A\tilde{N}O\ PREDECIBLE} =$$

$$= \$2.9 + \$3.8 + \$4.7 + \$6.5 + \$8.2 + \$9.8 + \$12.2 + \$16.2 +$$

$$+ \$20.1 + \$24.6 = \$109$$

$$VALOR\ TERMINAL =$$

$$= B_{\acute{U}LTIMO\ A\tilde{N}O\ PREDECIBLE} \times M\acute{U}LTIPLO\ TERMINAL =$$

$$= \$24.6 \times 25 = \$615$$

$$VALOR\ INTR\acute{I}NSECO =$$

$$= FLUJO\ DE\ EFECTIVO + VALOR\ TERMINAL =$$

$$= \$109 + \$615 = \$724$$

Sin embargo, la cosa no acaba ahí. ¿Cuál es la tasa de descuento correcta que debemos utilizar? Bueno, debo decir que existen cientos de libros, artículos, investigaciones e incluso tesis doctorales que discuten sobre este asunto.

En el ejemplo anterior hemos utilizado la inflación como tasa de descuento, pero esa no es la tasa correcta que debemos usar. Esa sería la que utilizaría alguien que no supiese sobre finanzas y que tuviese el dinero debajo del colchón. Si somos inversores y utilizamos el nivel de inflación como tasa de descuento no estamos teniendo en cuenta el coste de oportunidad que implica tener el dinero parado.

Existe un activo que tiene riesgo cero y que proporciona una rentabilidad mayor que el dinero en efectivo, se trata de los bonos americanos a largo plazo. Aunque su riesgo no es totalmente cero, se considera que sí, porque Estados Unidos no puede quebrar. Siempre cumplirá con sus obligaciones de pago de esos bonos. Es imposible quebrar cuando la deuda que emites está nominada en una moneda que tú mismo imprimes y que además es la moneda de reserva mundial por excelencia. Entonces una de las opciones que se emplean en muchas instituciones financieras es utilizar la rentabilidad futura esperada de los bonos americanos a largo plazo como tasa de descuento, más un margen de seguridad. Esta es sin lugar a dudas la cifra que más comúnmente se emplea a nivel mundial para realizar descuentos de flujos de caja. Es muy útil cuando quieres comparar diferentes activos utilizando la misma vara de medir.

Existen también numerosos estudiosos y defensores de la teoría monetaria moderna que recomiendan utilizar el *WACC*, o "Costo de capital medio ponderado", como tasa de descuento. Personalmente discrepo totalmente, ya que complica las cosas y además el cálculo del *WACC* implica aceptar ciertos postulados que son falsos, como por ejemplo que el riesgo depende de la volatilidad.

Sin embargo, ninguna de esas cifras es la que debes utilizar realmente. Grábate bien la siguiente idea en la cabeza. La tasa de descuento que debes utilizar para realizar un descuento de flujos de caja es siempre la que iguale a tu coste de oportunidad. Pero, ¿qué significa esto?

USA TU COSTE DE OPORTUNIDAD COMO TASA DE DESCUENTO

Imagina que eres un inversor que durante los últimos 10 años ha logrado obtener una rentabilidad anualizada del 15 % gestionando tu cartera. Esto quiere decir que sea cual sea el lugar en que inviertas tu dinero, si te proporciona una rentabilidad menor que esa, estarás perdiendo la oportunidad de ganar ese 15 %. No serías muy espabilado si siendo capaz de obtener rentabilidades de dos dígitos te compras un bono al 4 %. Precisamente por eso no debes utilizar la rentabilidad de los bonos como tasa de descuento.

Si eres capaz de obtener retornos del 15 % anual, utiliza un 15 % como tasa de descuento. Si eres capaz de obtener un 20 %, utiliza tasas de descuento del 20 %, ya que ese será tu coste de oportunidad. Sigue siempre este criterio a no ser que tus rentabilidades sean inferiores al 7-10 %. Este es el límite, ya que ese es el retorno que tradicionalmente ha tenido el índice S&P 500 a largo plazo. Si no eres capaz de alcanzar esas rentabilidades, significa que no eres capaz de batir al mercado y que probablemente lo harías mejor invirtiendo en un fondo índice del S&P 500 a largo plazo en vez de seleccionar acciones individuales.

Otra cosa importante que debes entender sobre el valor intrínseco es que su valor no es el mismo para todos los inversores. Para cada uno es diferente, precisamente porque depende del coste de oportunidad de cada uno.

Imaginemos una empresa que se vende a $100 por acción y que tiene $10 de beneficios. Supongamos que dentro de 5 años su precio sea $200 por acción con $20 de beneficios. Si hacemos los cálculos eso implica una rentabilidad anualizada del 15 % aproximadamente. Pues bien, si vienen dos inversores diferentes y la valoran, obtendrán resultados diferentes.

Para un inversor cuyo coste de oportunidad sea del 10 % el cálculo del valor intrínseco le indicará que la compañía está infravalorada, mientras que para otro inversor con un coste de oportunidad del 20 % la compañía estará cara todavía. Si lo piensas esto tiene mucha lógica y es consecuencia de utilizar el coste de oportunidad como tasa de descuento. Realizar el cálculo de esta manera hará que el descuento de flujos de caja te diga que una compañía está infravalorada solamente cuando el precio sea lo suficientemente barato como para proporcionarte retornos que igualen tu objetivo de rentabilidad a largo plazo.

Lo que muchas personas no entienden es que la tasa de descuento es en realidad la rentabilidad que le estás pidiendo a una inversión para un determinado precio. Si por ejemplo calculas el valor intrínseco de cierta compañía con una tasa de descuento del 10 % y obtienes un valor de $100 por acción, eso significa que si la compras a $100 te proporcionará una rentabilidad del 10 %. Precisamente por esto, utilizar tasas de descuento demasiado bajas es un gran error, ya que te dará luz verde para comprar activos que te proporcionarán unas rentabilidades pésimas.

Finalmente, cabe destacar que no hemos mencionado hasta ahora ni el efectivo ni la deuda de la compañía. La razón es simple, en nuestros cálculo no hemos sustraído las deudas del valor intrínseco porque nuestra idea principal es invertir siempre en acciones con muy poca deuda, nunca será necesario restar nada. Si por alguna razón decidiéramos invertir puntualmente en una empresa con mucha deuda, deberíamos restarla al valor intrínseco. También en caso de invertir en compañías con caja neta extraordinariamente grande o con activos ocultos de gran valor, deberíamos sumar el valor de esos activos al valor intrínseco. Sin embargo, esto no será habitual.

Ahora que ya sabemos en qué consiste el descuento de flujos de caja, vamos a ver ejemplos prácticos utilizando una hoja de cálculo, veremos cómo afectan los tipos de interés al precio de las acciones y cómo utilizar el descuento de flujos de caja para calcular la rentabilidad que podemos obtener de una acción comprada a un determinado precio.

Veamos entonces cómo crear una tabla de Excel para analizar acciones mediante el descuento de flujos de caja. Utilizaremos la hoja de cálculo que se muestra a continuación a modo de ejemplo.

	A	B	C	D	E	F	G	H	I	J	K
1		Crecimiento medio próximos 10 años		Tasa de descuento			Múltiplo terminal al final de los 10 años			Free Cash Flow actual	
2		21%		15				25		$10	
3											
4	Año 0	Año 1	Año 2	Año 3	Año 4	Año 5	Año 6	Año 7	Año 8	Año 9	Año 10
5		21%	21%	21%	21%	21%	21%	21%	21%	21%	21%
6	$10	$12.10	$14.64	$17.72	$21.44	$25.94	$31.38	$37.97	$45.95	$55.60	$67.27
7		$10.52	$11.07	$11.65	$12.26	$12.90	$13.57	$14.28	$15.02	$15.80	$16.63
8		Efectivo libre total que gana la compañía los próximos 10 años				Valor terminal el año 10				VALOR INTRÍNSECO	
9											
10		$133.69				$343.58				$477.27	

64

Dado que el objetivo de este libro no es enseñar a utilizar una hoja de cálculo, a continuación puedes ver un resumen de las fórmulas que tienes que introducir en cada celda para reproducir esta tabla en tu ordenador:

CELDA	FÓRMULA
A1	Crecimiento medio próximos 10 años
A2	21%
D1	Tasa de descuento
D2	15%
G1	Múltiplo terminal al final de los 10 años
G2	25
J1	Free Cash Flow actual
J2	10
A4	Año 0
B4	Año 1
C4	Año 2
D4	Año 3
E4	Año 4
F4	Año 5
G4	Año 6
H4	Año 7
I4	Año 8
J4	Año 9
K4	Año 10
B5	=$A$2
C5	=$A$2
D5	=$A$2
E5	=$A$2
F5	=$A$2
G5	=$A$2

H5	=$A$2
I5	=$A$2
J5	=$A$2
K5	=$A$2
A6	=J2
B6	=A6*(1+B5)
C6	=B6*(1+C5)
D6	=C6*(1+D5)
E6	=D6*(1+E5)
F6	=E6*(1+F5)
G6	=F6*(1+G5)
H6	=G6*(1+H5)
I6	=H6*(1+I5)
J6	=I6*(1+J5)
K6	=J6*(1+K5)
B7	=B6*(1+$D$2)^(-1)
C7	=C6*(1+$D$2)^(-2)
D7	=D6*(1+$D$2)^(-3)
E7	=E6*(1+$D$2)^(-4)
F7	=F6*(1+$D$2)^(-5)
G7	=G6*(1+$D$2)^(-6)
H7	=H6*(1+$D$2)^(-7)
I7	=I6*(1+$D$2)^(-8)
J7	=J6*(1+$D$2)^(-9)
K7	=K6*(1+$D$2)^(-10)
A9	Efectivo libre ganado los 10 próximos años
A10	=SUMA(B7:K7)
E9	Valor terminal el año 10
E10	=J6*G2*(1+$D$2)^(-10)
I9	VALOR INTRÍNSECO
I10	=A10+E10

Las celdas A2, D2, G2 y J2 son las que usaremos para introducir los datos de cada empresa en cada caso particular. Es decir, la tasa de crecimiento futura esperada, la tasa de descuento (o coste de oportunidad), el múltiplo terminal y el *free cash flow* por acción actual. Debes ser siempre conservador en tus cálculos. En empresas de crecimiento **nunca introduzcas crecimientos mayores al 75 % del actual.** Recuerda que el crecimiento de las compañías se va ralentizando según se van haciendo más maduras. Tampoco introduzcas múltiplos terminales mayores al PER medio histórico de la empresa. Lo razonable es introducir un número que sea algo menor a la ratio PER y a la ratio de precio a *free cash flow* medias históricas. Esto es debido a que en el futuro, los múltiplos se reducirán.

La fila 5 de la tabla representa los crecimientos de los años futuros. Puedes dejarla así o introducir manualmente el crecimiento de cada año en concreto, si es que estás ante un caso particular de una empresa en que puedas hacer una estimación más precisa.

La fila 6 representa el flujo de efectivo libre que generará la compañía en cada año del futuro, teniendo en cuenta el crecimiento estimado y el *free cash flow* actual. Recordemos que el *FCF* representa mucho mejor el dinero disponible con el que cuenta una empresa, ya que se obtiene haciéndole algunas correcciones al beneficio neto, como por ejemplo sumar el dinero de amortizaciones y descontar los gastos de capital necesarios para mantener la empresa funcionando.

En la fila 7 puedes ver el resultado de traer esos flujos de efectivo al presente con la tasa de descuento que has elegido. La celda A10 es la suma del flujo de efectivo de todos los años descontado, es decir la parte que creemos que somos capaces de predecir de los beneficios futuros de la empresa.

En la celda E10 se representa el valor terminal descontado. Para ello se multiplica el múltiplo terminal por el flujo de efectivo del penúltimo año y se descuenta al presente desde el último año. El motivo de ello es tener un margen de seguridad adicional, ya que los beneficios que se reportan en los informes de cierto año son los que se han ganado en el año previo.

Finalmente, en la celda I10 se encuentra el valor intrínseco calculado como la suma de los dos conceptos anteriores, flujos de efectivo más valor terminal, ambos descontados al presente.

VALORAR UN COMPAÑÍA NO ES UNA CIENCIA EXACTA

Es importante recordar que **esto no es un método exacto y nunca lo será, es sólo una aproximación**. Es inútil considerar con precisión el resultado incluso hasta los decimales, porque todo el cálculo se basa en otras aproximaciones de múltiples variables futuras que es imposible conocer con precisión. Pretender ser preciso sería engañarse a uno mismo.

Tu objetivo no es saber que el valor intrínseco de cierta compañía sea de $477.27 por acción. El objetivo realmente es saber que su valor está en algún punto entre $400 y $500. Que si la compras a $300 estará barata y que si la compras a $600 estará cara.

Cuando encuentres la inversión adecuada ni siquiera necesitarás esta tabla de descuento de flujos de caja. Será algo tan obvio y tan claramente infravalorado que no necesitarás el Excel para hacer el cálculo.

Es importante también que utilices siempre un margen de seguridad grande. Es recomendable que no compres una acción a no ser que su precio esté un 30 % por debajo de su valor intrínseco. Es un criterio bastante restrictivo y te resultará difícil encontrar inversiones adecuadas, pero te garantizarás que las pocas que encuentres tengan altas rentabilidades y poco riesgo de perder dinero. Ser conservador es siempre lo mejor, porque la regla número uno de la inversión es no perder dinero y la regla número dos es no olvidarse de la número uno.

Otra de las cosas que debes tener en cuenta es que lo que hacen la mayoría de integrantes del mercado al realizar un descuento de flujos de caja es comparar cómo de caro está el negocio que analizan con respecto al activo libre de riesgo, en lugar de usar el coste de oportunidad. En este caso recuerda que utilizan una tasa de descuento que es igual a la rentabilidad esperada de los bonos americanos a largo plazo más un margen de seguridad. Por lo tanto, el precio que el mercado estará dispuesto a pagar por una determinada acción está íntimamente ligado con las rentabilidades de los bonos y los tipos de interés que marcan los bancos centrales.

Los tipos de interés actúan como la ley de la gravedad sobre los precios de las acciones. Cuando los tipos son muy bajos las acciones alcanzan precios muy altos y cuando los tipos son altos el precio de las acciones baja. Por eso precisamente en un entorno de tipos de interés cercanos a cero, una subida de tipos provocaría caídas masivas en la bolsa. Imaginemos por ejemplo una acción que tiene un crecimiento del 15 %, un *free cash flow* de $5 y suponemos un múltiplo terminal de 20. Imaginemos también que los tipos de interés están a cero y que los bonos a 10 años dan un 1,5 % de rentabilidad. El valor intrínseco de la acción será de $409 utilizando esa tasa de descuento.

Ahora supongamos que tenemos un largo período de inflación del 5 %. El Banco Central subirá los tipos de interés para reducirla. En los últimos 50 años prácticamente siempre los bonos a 10 años han superado la inflación, así que podemos esperar que la subida de tipos hiciese subir la rentabilidad de los bonos como mínimo hasta el 5 %, pero incluso más, al 7 o al 8 %. Si utilizamos una tasa de descuento del 7 % por ejemplo, el valor intrínseco de la acción sería de 255$. Es decir, que la subida de los tipos de interés para compensar ese 5 % de inflación ha producido una caída del 38 % en el valor intrínseco de la acción. La lección que podemos sacar de aquí es que la bolsa y los mercados sufren fuertes caídas de precios cuando se suben los tipos de interés y que cuando se bajan el precio de las acciones se dispara.

Ahora veamos el análisis de descuento de flujos de caja con otro enfoque. Como hemos mencionado anteriormente, la tasa de descuento también puede interpretarse como la rentabilidad esperada de una inversión. De modo que este análisis puede servirnos para averiguar cuál es la rentabilidad que podemos obtener de cierta acción si la compramos a un determinado precio.

Volvamos a la tabla de Excel para ver un ejemplo.

	A	B	C	D	E	F	G	H	I	J	K
1	Crecimiento medio próximos 10 años			Tasa de descuento			Multiplo terminal al final de los 10 años			Free Cash Flow actual	
2	17%			10			20			$7	
3											
4	Año 0	Año 1	Año 2	Año 3	Año 4	Año 5	Año 6	Año 7	Año 8	Año 9	Año 10
5		17%	17%	17%	17%	17%	17%	17%	17%	17%	17%
6	$7	$8.19	$9.58	$11.21	$13.12	$15.35	$17.96	$21.01	$24.58	$28.76	$33.65
7		$7.45	$7.92	$8.42	$8.96	$9.53	$10.14	$10.78	$11.47	$12.20	$12.97
8											
9	Efectivo libre total que gana la compañía los próximos 10 años					Valor terminal el año 10			VALOR INTRÍNSECO		
10	$99.83					$221.76			$321.58		

Meta Platforms cotiza en el momento de escribir estas líneas (julio de 2023) a $290 por acción. Su *free cash flow* de este año ha sido de $7 por acción y consideraremos que va a tener un crecimiento medio durante los próximos 10 años del 17 %. También consideramos que en el último año va a estar cotizando a un múltiplo terminal de 20 veces el *free cash flow*. Una vez introducidos estos datos, lo que hacemos es ir probando valores en el recuadro de la tasa de descuento hasta que el valor intrínseco obtenido sea igual al precio de cotización de la acción.

Si introducimos por ejemplo una tasa de descuento del 10 %, el valor intrínseco obtenido es de $321.

Tasa descuento: 10 % → Valor intrínseco: $321

No es igual al precio de cotización, es mayor. Por lo tanto haremos otra prueba con una tasa de descuento mayor, de un 15 % por ejemplo, obteniendo así un valor de $219.

Tasa descuento: 15 % → Valor intrínseco: $219

Con este segundo intento hemos obtenido un valor por debajo del precio de cotización. Eso significa que debemos introducir una tasa de descuento menor. Si seguimos probando números durante varias iteraciones más llegaremos al siguiente resultado:

Tasa descuento: 12 % → Valor intrínseco: $274

Tasa descuento: 11 % → Valor intrínseco: $297

Tasa descuento: 11.5 % → Valor intrínseco: $285

Tasa descuento: 11.4 % → Valor intrínseco: $288

Tasa descuento: 11.3 % → Valor intrínseco: $290

Llegamos a la conclusión de que cuando introducimos una tasa de descuento del 11.3 % el valor intrínseco es de $290, exactamente igual al valor de cotización actual. Eso significa que si invertimos pagando un precio de $290 por acción, nuestra rentabilidad media esperada a largo plazo será de un 11.3 % anual.

Esta misma acción había tocado previamente un mínimo de $88 por acción el 3 de noviembre de 2022. Si rehacemos nuestro cálculo para ver cuál hubiese sido nuestra rentabilidad si hubiésemos invertido a ese precio en aquel momento llegaremos a la conclusión de que con una tasa de descuento del 28.9 % el valor intrínseco habría igualado el precio de $88 por acción.

Tasa descuento: 28.9 % → Valor intrínseco: $88

Entonces, si hubiésemos comprado a $88 la rentabilidad media de nuestra inversión a largo plazo habría sido del 28.9 % anual. Con este ejemplo se puede ver claramente uno de los principios básicos de la inversión. **Cuanto más cara esté una acción, menor rentabilidad obtendrás de ella y más arriesgada será.** Precisamente por eso es una absoluta estupidez que nos sintamos mejor comprando acciones que han estado subiendo durante mucho tiempo. Cuanto más haya aumentado el precio de algo, menos margen de subida le quedará.

Veamos un claro ejemplo de ello con Tesla. Una compañía que en 2021 alcanzó una sobrevaloración inmensa cotizando a $414 por acción y habiendo ganado ese año $1 por acción de *free cash flow*.

Crecimiento medio próximos 10 años	Tasa de descuento	Múltiplo terminal al final de los 10 años	Free Cash Flow actual
28%	2.2	50	$1

	Año 0	Año 1	Año 2	Año 3	Año 4	Año 5	Año 6	Año 7	Año 8	Año 9	Año 10
		28%	28%	28%	28%	28%	28%	28%	28%	28%	28%
	$1	$1.28	$1.64	$2.10	$2.68	$3.44	$4.40	$5.63	$7.21	$9.22	$11.81
		$1.25	$1.57	$1.96	$2.46	$3.08	$3.86	$4.83	$6.05	$7.58	$9.50

Efectivo libre total que gana la compañía los próximos 10 años	Valor terminal el año 10	VALOR INTRÍNSECO
$42.16	$370.98	$413.14

Aunque le asignásemos un múltiplo terminal para dentro de 10 años exageradamente alto, de 50, podemos ver que la tasa de descuento que iguala precio y valor es del 2.2 %.

Tasa descuento: 2.2 % → Valor intrínseco: $414

Es decir, que a pesar del enorme crecimiento medio del 28 % que podría llegar a tener Tesla si se cumpliesen las previsiones más positivas de los analistas, la rentabilidad que podría ofrecernos una inversión a largo plazo en ella comprándola a ese precio no llegaría siquiera a lo que paga un bono. Por otro lado, ese 28 % de crecimiento no es totalmente fiable porque los beneficios y los márgenes de Tesla son demasiado impredecibles. Como hemos visto anteriormente nunca debemos asignar un crecimiento mayor al 20 o al 25 %. Si esta compañía se estancase por cualquier motivo, tendrían que pasar 414 años para que recuperásemos nuestra inversión.

Si quieres llevar a cabo un estilo de inversión sensato que te evite perder dinero, busca compañías fantásticas con una ventaja competitiva duradera y cómpralas cuando su precio haya caído debido a problemas temporales. Otra posibilidad es adquirir compañías buenas que coticen muy por debajo de su valor intrínseco. Pero **jamás compres la empresa de moda del momento** ni acciones que estén extremadamente sobrevaloradas. Esa es la receta para perder dinero.

CAPÍTULO 5:

ANÁLISIS POR MÚLTIPLOS

El análisis por múltiplos es un método para valorar compañías que consiste en la utilización de ciertas ratios financieras para comparar la situación actual del negocio con la situación histórica previa o con otras empresas o sectores similares. Estas ratios surgen simplemente de intentar comparar el precio con algún otro indicador simple del valor de la compañía.

El PER, también conocido como *P/E ratio* o ratio precio-beneficio, es la ratio financiera más conocida y comúnmente utilizada. Su principal ventaja es que nos ofrece información acerca de si una acción está cara o barata. De forma práctica es como la etiqueta del precio de un jersey en una tienda, pero aplicado a las finanzas. Si lo utilizas correctamente puedes comprobar si estás pagando demasiado por una inversión o no.

Si dividimos el precio de una empresa entre sus beneficios anuales obtenemos el PER. Cuanto más alto sea, más cara será la inversión.

$$PER = \frac{PRECIO}{BENEFICIO\ NETO}$$

Y eso es todo. Veamos cómo se utiliza de forma práctica mediante un sencillo ejemplo.

Imagina que compras un pequeño piso con tus ahorros para invertir en el sector inmobiliario y luego lo pones en alquiler para obtener rentas cada mes. El piso te ha costado $100,000 y tu inquilino te paga $500 mensualmente. Tras descontar los gastos de la propiedad y los impuestos te quedas con $300 netos al mes. Entonces tus beneficios anuales los puedes calcular multiplicando $300 por los 12 meses que tiene el año, es decir $3,600.

Para calcular el PER de tu inversión no tienes más que dividir los $100,000 que te ha costado el piso entre tus beneficios de $3,600 anuales. El resultado es 27.77. Es decir, que el precio que has pagado ha sido de aproximadamente 28 veces los beneficios.

Precio: $100,000   Beneficio anual: $3,600

$$PER = \frac{\$100,000}{\$3,600} = 27.77$$

Este mismo cálculo lo puedes aplicar a cualquier inversión, especialmente a las acciones. Si compras por ejemplo acciones de Shell a un precio de $18 cada una, debes buscar en la cuenta de resultados de la empresa el beneficio por acción. Supongamos que fuera de $1.8 por acción. Al beneficio por acción también se lo conoce como EPS o BPA y se obtiene dividiendo el beneficio total de la empresa entre el número total de acciones.

Entonces, ahora que ya conocemos los dos datos, sólo tenemos que dividir el precio por acción de la compañía entre el beneficio por acción y llegaremos a la conclusión de que la compañía tiene PER 10.

Precio por acción: $18   Beneficio por acción: $1.8

$$PER = \frac{\$18}{\$1.8} = 10$$

El número que obtienes al calcular el PER tiene tres posibles interpretaciones.

En primer lugar la ratio precio beneficio representa el número de años que tardaríamos en recuperar nuestra inversión si los beneficios se mantuviesen constantes. Por ejemplo, si tenemos una inversión con PER 10 esto significa que cuando hayan transcurrido 10 años la empresa habrá generado en total el mismo dinero que hemos pagado por ella. Durante la burbuja puntocom algunas empresas tecnológicas llegaron a cotizar a PER 200. Suponiendo que hubiesen mantenido sus beneficios constantes, los tataranietos de los inversores ya se habrían jubilado cuando recuperasen la inversión doscientos años después.

Una lección importante es que ignorar un PER exageradamente alto y lanzarse a comprar sin importar el precio suele ser una muy mala idea. **Nunca compres acciones ni hagas inversiones que tengan un PER demasiado alto,** por buena que sea la compañía.

Es como si te comprases un coche de la marca Mercedes por dos millones de dólares, un mal negocio.

```
PER ALTO → INVERSIÓN CARA
PER BAJO → INVERSIÓN BARATA
```

Sin embargo debes tener en cuenta que en períodos de vacas flacas, los beneficios empresariales suelen descender mucho o ser cercanos a cero de forma puntual. En ese caso el PER de ese período se disparará, pero esto no es indicativo de que la empresa esté cara, porque lo que de verdad nos importa son los beneficios de los períodos en que la compañía opera de forma normal. Para evitar esta confusión, siempre que calcules el PER debes utilizar los beneficios medios de los últimos cuatro o cinco años, en lugar de los de un año extraordinariamente bueno o malo en particular.

Por otro lado el PER representa la cantidad de dinero que pagas en tu inversión por cada dólar de beneficio que genera. Si compras una acción que tiene un PER de 15, estás pagando $15 por cada dólar que gana la empresa al año.

La tercera interpretación del ratio PER es que para negocios sin crecimiento, su inversa es la rentabilidad de la inversión. Es decir, que puedes calcular la parte de la rentabilidad de una inversión que es debida al desempeño del negocio a partir del PER. En nuestro ejemplo inicial con el piso que habíamos comprado a PER 28, la rentabilidad sería del 3.6 %. Podemos ver entonces gracias al PER que esa compra nos ha salido bastante cara y podemos esperar de ella poca rentabilidad.

$$RENTABILIDAD = \frac{1}{PER} \times 100 = \frac{1}{28} \times 100 = 3.6\,\%$$

Antes de analizar inversiones utilizando la ratio de precio beneficio, debes saber que cada sector tiene un ratio PER característico. Por ejemplo, en los bancos suele ser cercano a 10. En las empresas energéticas o de petróleos no es raro ver ratios PER entre 5 y 10. En compañías tecnológicas de alto crecimiento puede dispararse hasta 25 o 30.

La regla general es que las empresas que tiene poco o nulo crecimiento son más baratas, con un PER más bajo. Y las empresas de gran calidad, o en las que los accionistas prevén que vaya a haber un crecimiento considerable de los beneficios, son más caras y por lo tanto cotizan a un PER más elevado.

Entonces, la pregunta del millón aquí es: ¿Cómo evitar pagar demasiado por una acción? El consejo de oro para evitarlo es no invertir nunca con un PER mayor a 15 si se trata de empresas industriales sin crecimiento. En el caso de empresas de alto crecimiento, Peter Lynch recomendaba no pagar nunca un PER mayor a 1.5 veces el crecimiento. Si por ejemplo estuviésemos ante una compañía que cotiza a PER 30 y que se prevé que vaya a tener un crecimiento futuro del 20%, entonces estaríamos en el límite de lo que sería razonable pagar. Una compañía que cotizase a PER 10 y con un crecimiento del 15% sería una ganga.

$$PER_{MÁXIMO\,A\,PAGAR} = CRECIMIENTO \times 1.5$$

Alternativamente también puedes utilizar la fórmula de Benjamin Graham, que calcula el PER máximo que puedes pagar en función del crecimiento esperado que tenga la compañía en los próximos 7 o 10 años. Aunque esta regla es bastante menos conservadora que la anterior. Para saber cuál es el PER máximo a pagar, debes multiplicar el crecimiento por 2 y sumarle 8.5.

$$PER_{MÁXIMO\,A\,PAGAR} = CRECIMIENTO \times 2 + 8.5$$

Sin embargo, si quieres ser realmente conservador y huir de las pérdidas, te presento a continuación una regla de elaboración propia, que suele facilitar la obtención de rentabilidades mayores al 14% y que es válida tanto para compañías con crecimiento como sin crecimiento.

$$PER_{MÁXIMO\,A\,PAGAR} = CRECIMIENTO + 7$$

Para finalizar, existe un aviso importante a tener en cuenta al analizar el precio de acciones mediante el PER. No se debe comprar nunca una acción basándose únicamente en el precio. Esto puede llevarnos a caer en las llamadas trampas de valor. Es decir empresas que parecen baratas, pero que en realidad presentan graves problemas, que pueden situarlas cerca incluso de la quiebra. Para evitar caer en esas trampas debe realizarse complementariamente un análisis del balance y las cuentas de la compañía, para comprobar su situación financiera o si existe algún suceso reciente que pueda perjudicarla gravemente. Por regla general, se debe desconfiar de acciones que se venden con un PER inferior a 4.

Ahora que ya sabemos en qué consiste la ratio precio beneficio, vamos a ver cómo utilizarla para valorar acciones, además de algunos otros métodos de valoración utilizando otras ratios similares.

Valoración mediante el PER (P/E ratio):

Valorar acciones mediante la ratio precio beneficio es el método más conocido y sencillo. Para ello nos basamos en la definición de la ratio PER, que como hemos visto previamente es el precio de una acción dividido entre el beneficio por acción de la compañía.

$$PER = \frac{PRECIO}{BENEFICIO\ NETO}$$

Si reordenamos la fórmula, llegamos a la conclusión de que el precio es igual al PER multiplicado por los beneficios.

$$PRECIO = PER \times BENEFICIO\ NETO$$

Entonces para conocer el precio adecuado de una acción debemos estimar primero el PER medio al que ha cotizado históricamente y los beneficios por acción. Es posible encontrar gráficos con esa información en cualquier web de finanzas. Veamos un ejemplo real para entenderlo.

Las acciones de Coca-Cola han tenido durante los últimos años un PER medio de alrededor de 24 veces beneficios.

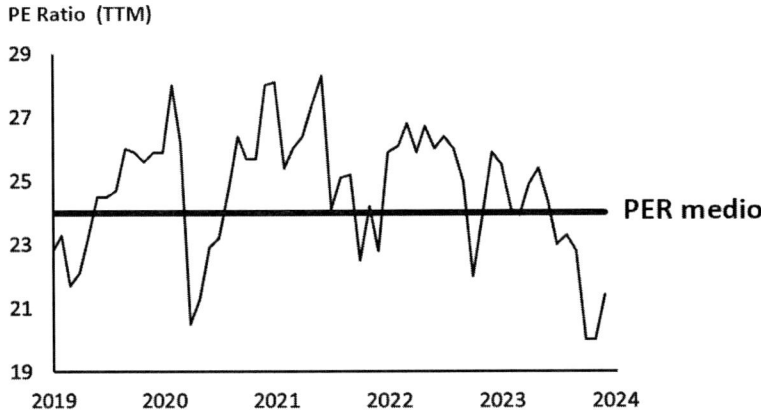

La media de sus beneficios netos por acción en los últimos 5 años ha sido de aproximadamente $2.

BENEFICIO POR ACCIÓN

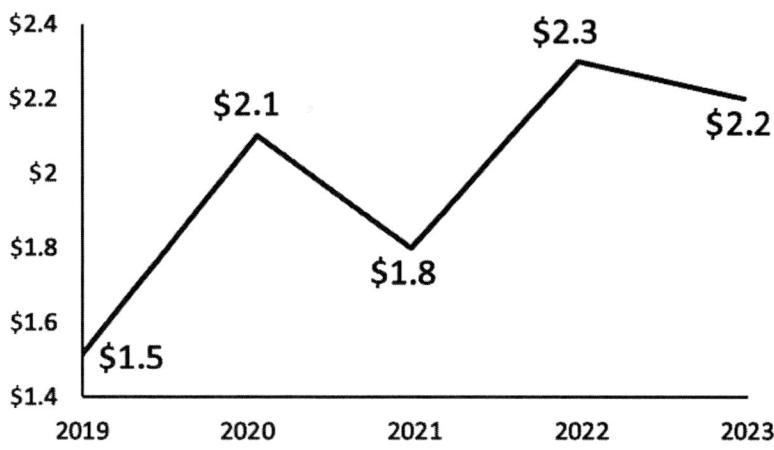

$$BENEFICIO\ MEDIO\ DE\ 5\ AÑOS =$$

$$= \frac{\$1.5 + \$2.1 + \$1.8 + \$2.3 + \$2.2}{5} = \$2$$

Si multiplicamos el PER por sus beneficios obtenemos $48 por acción, que sería el precio adecuado a día de hoy.

$$PRECIO = PER \times BENEFICIO\ NETO = 24 \times \$2 = \$48$$

También podemos usar esta técnica para calcular el precio futuro. Los beneficios por acción de Coca-Cola han crecido tradicionalmente a un 4 % anual durante los últimos 20 años. Supongamos que este crecimiento se mantendrá en el futuro.

Si quisiéramos saber el precio que tendrá la compañía dentro de 10 años, primero debemos estimar los beneficios de ese año en particular usando la fórmula del interés compuesto vista en capítulos anteriores:

$$BENEFICIO\ AÑO\ "N" =$$

$$= B_{ACTUAL} \times \left(1 + \frac{CRECIMIENTO}{100}\right)^{(NÚMERO\ DE\ AÑOS)} =$$

$$= \$2 \times \left(1 + \frac{4}{100}\right)^{10} \simeq \$3$$

El beneficio en el año diez será igual al beneficio actual multiplicado por la tasa de crecimiento elevada al número de años. Es decir, dentro de 10 años los beneficios de Coca-Cola serán de aproximadamente \$3 por acción si mantiene su tasa actual de crecimiento.

Y finalmente calculamos el precio esperado dentro de 10 años multiplicando el PER medio histórico por los beneficios futuros. Obteniendo un precio de \$72 por acción.

$$PRECIO\ FUTURO = PER \times BENEFICIO\ NETO\ FUTURO =$$

$$= 24 \times \$3 = \$72$$

Valoración mediante la ratio P/FCF

Este método de valoración es exactamente igual que el anterior, pero utilizando la ratio de precio a *free cash flow*, o P/FCF. La única diferencia respecto al caso anterior es que aquí en lugar del beneficio por acción utilizaremos el *free cash flow* por acción. Es decir, la parte de los beneficios que realmente le quedan disponibles a la empresa después de satisfacer todos sus gastos.

La ventaja de este método respecto al anterior es que nos evitamos engaños debidos al tipo más común de artificios contables que las empresas suelen hacer, la utilización fraudulenta de diferentes políticas sobre amortizaciones y depreciaciones.

La fórmula para obtener la ratio de precio a *free cash flow* es la siguiente:

$$P/FCF = \frac{PRECIO}{FREE\ CASH\ FLOW}$$

Reordenando esa fórmula llegamos a la conclusión de que si queremos conocer el precio justo de una acción debemos multiplicar la media histórica de la ratio P/FCF por el *free cash flow*.

$$PRECIO = P/FCF \times FREE\ CASH\ FLOW$$

Entonces lo primero será estimar cual ha sido la ratio P/FCF media a la que ha cotizado históricamente la compañía y también cuál ha sido el *free cash flow* generado durante los últimos años. De nuevo, los gráficos con esta información pueden encontrarse en cualquier web de finanzas. Apliquémoslo en un ejemplo con Visa.

En el apartado anterior con la ratio PER hemos utilizado para el cálculo los beneficios medios de cinco años en lugar de los beneficios del último año, para así evitar las fluctuaciones anuales. Esa es la manera correcta de proceder con empresas con poco crecimiento. Sin embargo, en el caso de empresas con un crecimiento alto y constante como Visa no podemos hacer lo mismo, o la estaríamos infravalorando demasiado. Si nos encontramos ante empresas con crecimientos altos y constantes podemos tomar el dato del último año para el cálculo. Siempre y cuando sea representativo y no haya sucedido ningún evento extraordinario durante ese período.

La ratio P/FCF de Visa ha rondado históricamente una media de 30 (los efectos post-pandemia del año 2021 no son representativos).

El *free cash flow* del último año es de $8.37 por acción.

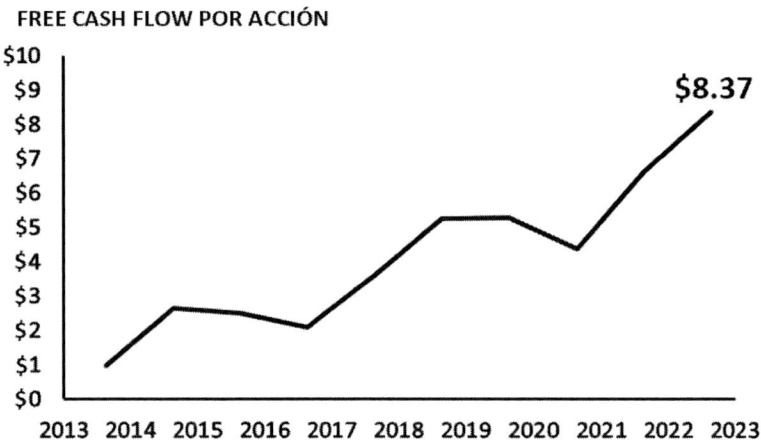

FREE CASH FLOW POR ACCIÓN

Para calcular el precio adecuado actual de la acción se multiplica el *free cash flow* por el valor medio histórico de la ratio P/FCF. Entonces el precio actual debería ser $251 por acción.

$$PRECIO = P/FCF \times FREE\ CASH\ FLOW =$$
$$= 30 \times \$8.37 = \$251$$

Si queremos aproximar el precio de Visa dentro de por ejemplo 5 años, tendremos en cuenta un crecimiento estimado del *free cash flow* del 15 % anual. Utilizando el mismo método que en el primer punto obtendremos que el *free cash flow* en el año 5 será de $17 por acción, con lo cual el precio esperado para la acción dentro de 5 años será de $510.

$$FREE\ CASH\ FLOW\ A\tilde{N}O\ "N" =$$

$$= FCF_{ACTUAL} \times \left(1 + \frac{CRECIMIENTO}{100}\right)^{(N\acute{U}MERO\ DE\ A\tilde{N}OS)} =$$

$$= \$8.37 \times \left(1 + \frac{15}{100}\right)^{5} \simeq \$17$$

$$PRECIO\ FUTURO = P/FCF \times FREE\ CASH\ FLOW\ FUTURO =$$

$$= 30 \times \$17\ = \$510$$

Valoración mediante la ratio P/B

El valor contable o *book value* de una compañía es el valor monetario neto que tiene según su balance. Se obtiene restándole a los activos todos los pasivos y siempre considerando el valor que muestran los estados financieros, no el valor intrínseco real. Pues bien, existe un múltiplo de valoración que se crea a partir de este concepto, es la ratio de precio a valor contable, también llamada ratio P/B. La fórmula para obtenerla es la siguiente:

$$P/B = \frac{PRECIO}{VALOR\ CONTABLE}$$

La ventaja principal de utilizar esta ratio para valorar una empresa es que el valor contable suele ser muy estable a lo largo del tiempo, permitiéndonos ver con facilidad los momentos en que la empresa está cara o barata sin tener que lidiar con la volatilidad que suelen tener las ratios que se basan en ingresos o beneficios.

Reordenando la fórmula de forma idéntica que en los casos anteriores llegamos a la conclusión de que el precio se puede calcular multiplicando el valor contable por la ratio P/B.

$$PRECIO = P/B \times VALOR\ CONTABLE$$

Este es un método de valoración especialmente útil para acciones de bancos y entidades financieras. También puede usarse la versión del mismo que usa Warren Buffet, utilizando el valor tangible neto en lugar del valor contable.

Si queremos calcular el precio que debería tener ahora Bank of America según su desempeño histórico, podemos hacerlo de forma simple multiplicando la media histórica de su ratio P/B por su valor contable.

Bank of America ha estado cotizado en los últimos años a una media de 1.13 veces su valor contable.

P/B Ratio (TTM)

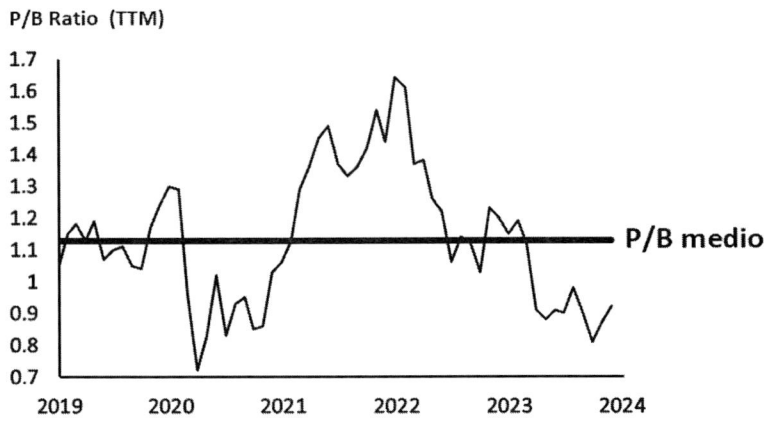

El valor contable es ahora mismo de $30.6 por acción.

BOOK VALUE POR ACCIÓN

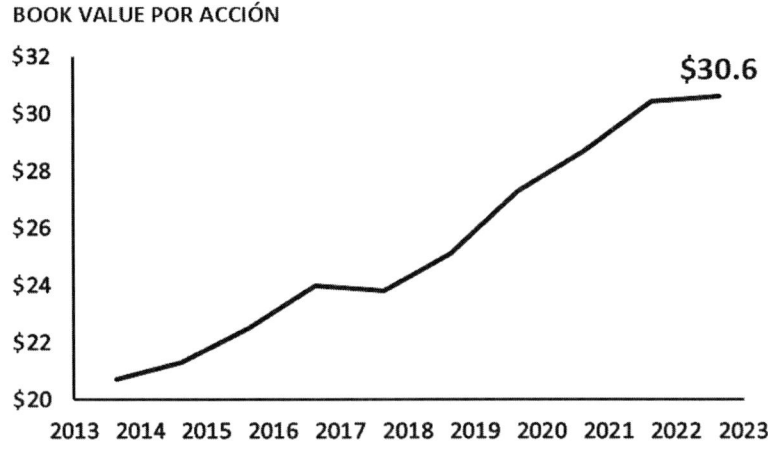

Si multiplicamos ambos obtenemos un precio de $34.58 por acción.

$$PRECIO = P/B \times VALOR\ CONTABLE =$$

$$= 1.13 \times \$30.6 = \$34.58$$

Si queremos ir un paso más allá, podemos introducir los datos de rentabilidad sobre el capital del banco y así poder comparar entre bancos con diferentes rentabilidades.

Transformando la formula inicial llegamos a la conclusión de que el precio también es igual al PER multiplicado por la rentabilidad y por el valor contable.

$$PRECIO = PER \times ROE \times VALOR\ CONTABLE$$

Veremos el concepto de ROE más en detalle en capítulos posteriores, pero por ahora, simplemente tendremos en cuenta que todas las ratios y cifras financieras que estamos mencionando pueden encontrarse fácilmente en cualquier web de finanzas.

La rentabilidad sobre el capital media de Bank of America es del 10 % aproximadamente.

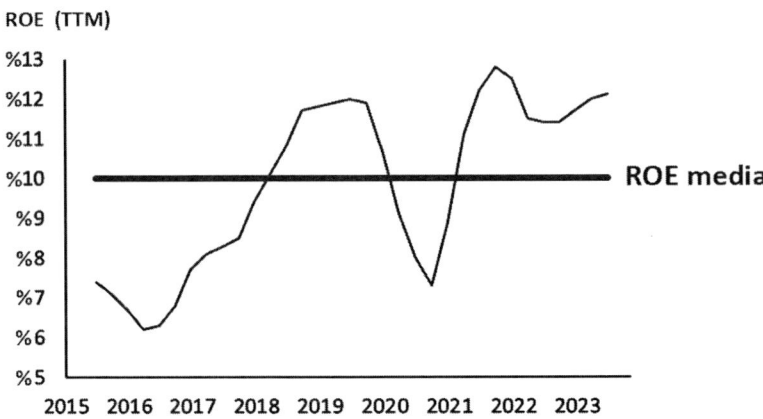

ROE (TTM)

ROE media

Su PER medio fue de 11 en los últimos años.

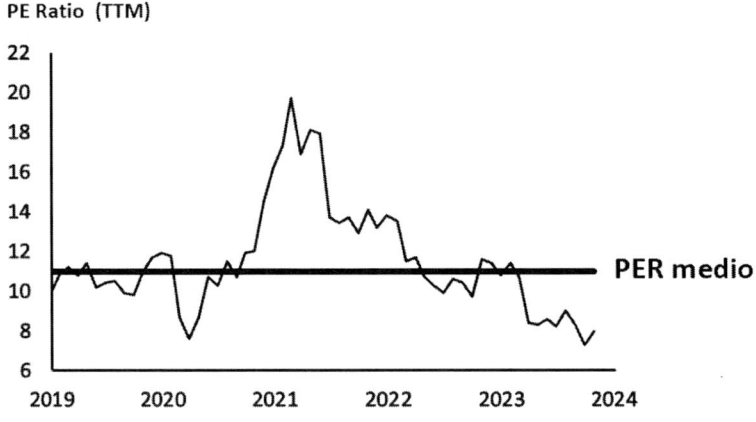

PE Ratio (TTM)

PER medio

Como hemos mencionado anteriormente, el valor contable actual de Bank of America es de $30.6 por acción. Entonces el precio adecuado a día de hoy es $33.6 por acción, bastante similar al obtenido mediante la ecuación alternativa vista anteriormente.

$$PRECIO = PER \times ROE \times VALOR\ CONTABLE =$$
$$= 11 \times 0.10 \times \$30.6 = \$33.6$$

Cálculo mediante el P/S

De manera análoga a los casos anteriores, aquí obtendremos el precio a partir de la ratio de precio a ventas, también conocida como *price to sales ratio*. Su fórmula general es:

$$P/S = \frac{PRECIO}{VENTAS}$$

Y de nuevo, el precio adecuado se obtiene multiplicando las ventas de la compañía por la media histórica de la ratio P/S.

$$PRECIO = P/S \times VENTAS$$

Esta ratio es muy útil para valorar acciones de compañías de crecimiento jóvenes, en etapas tempranas en las que aún no tienen beneficios. Sin embargo debe prestarse mucha atención al hecho de que invertir en empresas sin beneficios suele ser una muy mala idea en la mayoría de los casos. Esta ratio también suele ser útil para valorar acciones cuyo PER es demasiado volátil o cuando su media histórica no es representativa del múltiplo futuro.

Si tomamos Alphabet como ejemplo, su ratio media de precio a ventas ha sido de 6 durante los últimos 10 años.

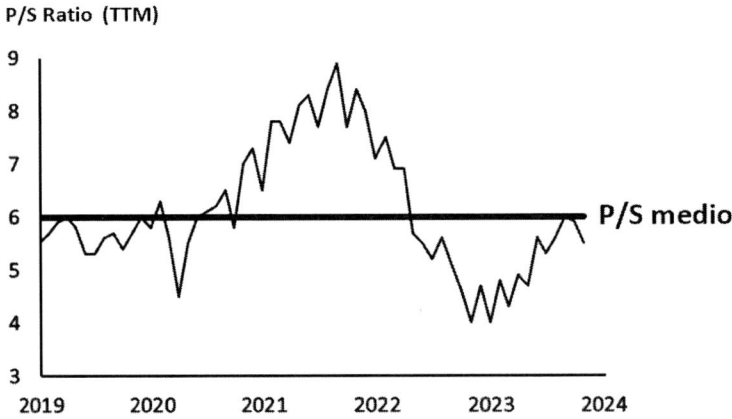

Mientras que sus ventas actuales son de $21.5 por acción.

VENTAS POR ACCIÓN

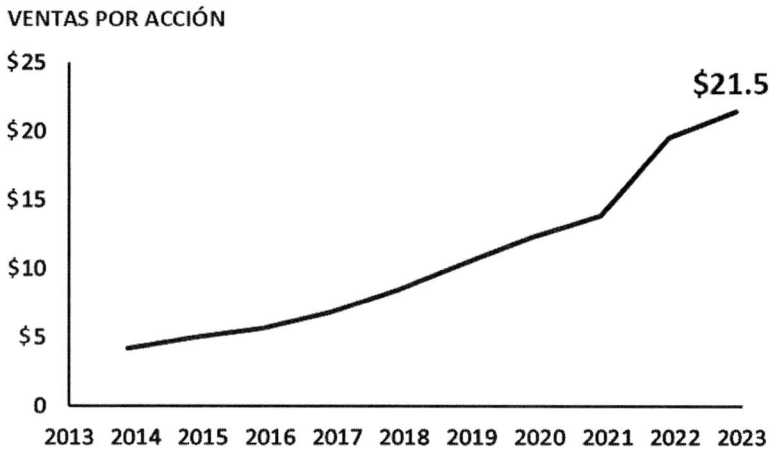

Lo que nos lleva a un precio de $129 por acción.

$$PRECIO = P/S \times VENTAS = 6 \times \$21.5 = \$129$$

Cálculo sin fórmulas

Lo importante al utilizar estos métodos de valoración es entender que **no estamos obteniendo un precio exacto**, eso es imposible, porque los datos y supuestos en que basamos nuestras proyecciones pueden ser erróneos. Como hemos mencionado en capítulos previos, esto se trata de conocer aproximadamente el precio adecuado de una acción y comprar sólo cuando tenga un precio tan bajo que nos proporcione un margen de seguridad suficiente. Esto sucederá cuando en los gráficos de todas sus ratios se vea claramente que ha alcanzado zonas de mínimos.

Es inútil intentar conocer el precio con cuatro decimales, ya que como dice Warren Buffett, es mejor acertar aproximadamente que equivocarse con precisión. Para ello, lo mejor es utilizar todas las ratios de valoración a la vez, comparar todos los precios que nos proporcionan y decidir cuál creemos que es el precio que debemos pagar.

Así mismo, es también labor del inversor decidir cuál es el período que debemos tomar para hallar la media histórica, ya que dependiendo de lo que elijamos el resultado puede variar. Nuestro conocimiento exhaustivo de la empresa y de su sector nos proporcionará el criterio suficiente para decidir cuántos años atrás debemos retrotraernos para conocer la media más representativa de las ratios para cada caso concreto, así como eliminar posibles zonas donde la ratio ha alcanzado valores demasiado extremos si no los consideramos representativos.

En ocasiones ni siquiera es necesario hacer los cálculos para saber si una acción está cara o no. A veces para saber si una empresa está sobrevalorada o infravalorada en comparación con su media histórica sólo es necesario mirar los gráficos históricos de las ratios y utilizar el sentido común. Invertir cuando los múltiplos están en máximos nos conducirá a caídas de precios o a largos períodos de estancamiento de la cotización. La única excepción a esta regla son las acciones que tengan un crecimiento muy grande.

Veamos un caso de valoración sin fórmulas con la acción de Apple. En el gráfico del PER se ve que en 2020 se salió de su rango habitual de entre 10 y 20 veces beneficios, para alcanzar niveles de 40.

PE Ratio (TTM)

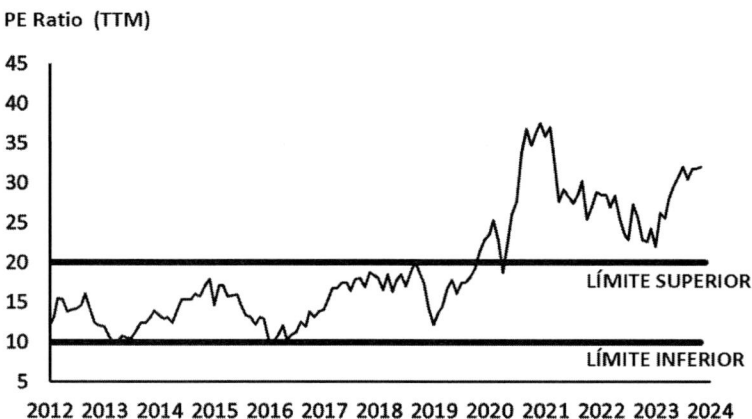

Lo mismo ocurre con el gráfico del P/FCF, donde ha superado su límite superior habitual de 15 hasta alcanzar rangos de 30.

P/FCF (TTM)

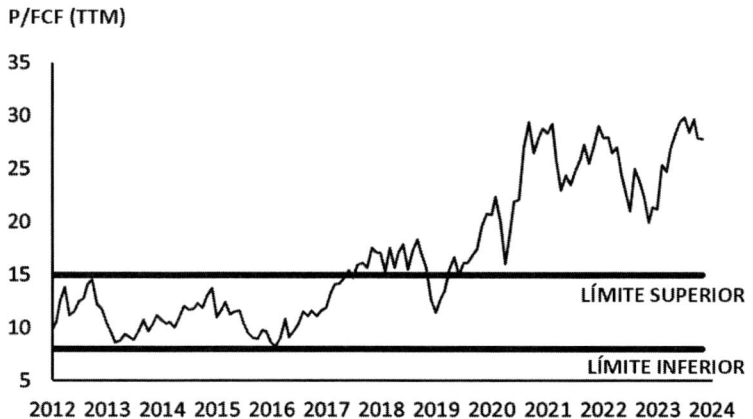

En el gráfico del P/B la acción ha abandonado su precio medio habitual de 5 veces el valor contable para dispararse hasta casi 50.

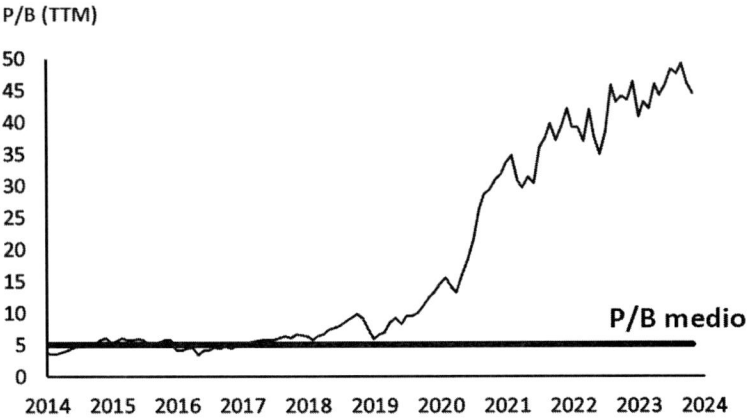

La ratio de P/S también ha crecido y se ha duplicado, superando su rango histórico de precios de entre 2 y 4 veces ventas.

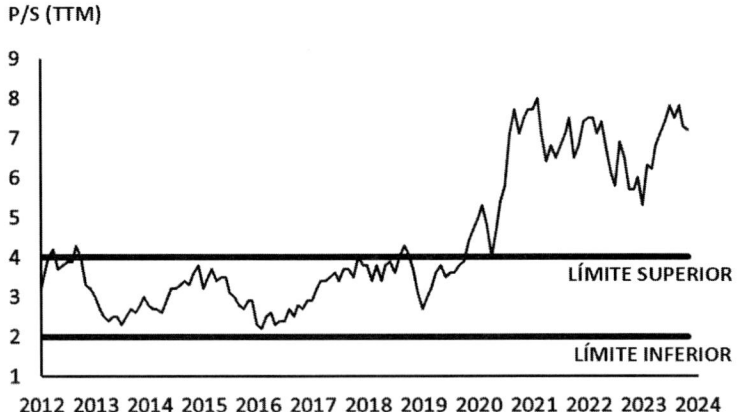

Ni los beneficios, ni el *free cash flow*, ni el valor contable, ni las ventas de la empresa se han desplomado durante el período mostrado en las imágenes, por lo que los repuntes en los gráficos de deben exclusivamente al efecto del precio y no a una reducción en el denominador de las fórmulas. Tampoco ha habido un cambio fundamental en la compañía que justifique el aumento de múltiplos tan drástico a partir de 2020. La cotización ha aumentado vertiginosamente debido a la preferencia de los inversores por esta tecnológica actualmente, hasta tal punto que ese aumento ha sido mucho más rápido que los beneficios y el valor de la empresa.

Simplemente mirando estos gráficos se puede ver que Apple está muy cara con respecto al precio que debería tener según su propia media histórica.

Lo último que mencionaremos antes de finalizar este capítulo es que cuando realizamos una valoración por múltiplos para obtener el precio adecuado de cierta compañía, también es posible estimar la rentabilidad esperada que nos va a proporcionar esa inversión en función del precio pagado. Para ello utilizamos la fórmula del interés compuesto.

Imaginemos que cierta acción cotiza actualmente a $100 por acción y que tras realizar nuestro análisis llegamos a la conclusión de que su precio justo dentro de 5 años será de $300 por acción.

Si aplicamos la ecuación del interés compuesto llegaremos a la conclusión de que la rentabilidad anualizada será del 24.5 %:

$$TASA\ DE\ CRECIMIENTO\ ANUALIZADA =$$

$$= \left(\frac{PRECIO\ FUTURO}{PRECIO\ ACTUAL}\right)^{\left(\frac{1}{N\acute{U}MERO\ DE\ A\tilde{N}OS}\right)} =$$

$$= \left(\frac{\$300}{\$100}\right)^{\frac{1}{5\ A\tilde{N}OS}} = 1.245$$

$$CRECIMIENTO\ ANUALIZADO[\%] =$$

$$= (1.245 - 1) \times 100 = 24.5\%$$

Siempre que invirtamos en una acción habrá dos factores principales que nos generarán rentabilidad. El primero es el crecimiento de la empresa y el segundo es lo barata que la compremos en relación a sus múltiplos medios habituales.

Una estrategia que da muy buenos resultados es invertir en empresas fantásticas cuando están algo infravaloradas. Imaginemos una compañía excelente cuyo precio justo en la actualidad debería ser de $100 por acción, pero que en este momento se vende a $70. Además esa empresa tiene un crecimiento del 10 % anual. Ni el crecimiento ni la infravaloración son muy grandes, simplemente aceptables. Sin embargo la combinación de ambos factores nos ofrece una rentabilidad anualizada a 5 años increíblemente alta, superior al 18 %:

$$VALOR \ EN \ EL \ A\tilde{N}O \ "N" =$$

$$= VALOR_{ACTUAL} \times \left(1 + \frac{CRECIMIENTO}{100}\right)^{(N\acute{U}MERO \ DE \ A\tilde{N}OS)} =$$

$$= \$100 \times \left(1 + \frac{10}{100}\right)^{5} \simeq \$161$$

$$RENTABILIDAD \ ANUALIZADA \ [\%] =$$

$$= \left[\left(\frac{PRECIO \ FUTURO}{PRECIO \ ACTUAL}\right)^{\left(\frac{1}{N\acute{U}MERO \ DE \ A\tilde{N}OS}\right)} - 1\right] \times 100 =$$

$$= \left[\left(\frac{\$161}{\$70}\right)^{\frac{1}{5 \ A\tilde{N}OS}} - 1\right] \times 100 = 18.1 \ \%$$

BLOQUE III:

¿VA BIEN LA EMPRESA?

En este bloque vamos a aprender a reconocer compañías de calidad y con una ventaja competitiva duradera. Es decir, sabremos diferenciar cuando una compañía es buena o cuando está en un estado lamentable, cuando está cercana a la quiebra o a la suspensión de pagos. Esto se comprueba a través de la lectura de los estados financieros: la cuenta de pérdidas y ganancias, el balance y los flujos de efectivo.

Existe algo que debes tener muy claro cuando inviertas. La contabilidad es el idioma que hablan las finanzas. Cuando una empresa quiere contarte su historia, te habla directamente a ti con sus números, no te envía un recado mediante un analista. Nadie, absolutamente nadie, que no sea capaz de leer e interpretar correctamente los estados financieros de una compañía podrá jamás entenderla por completo, ni tampoco tomar decisiones racionales. Pero no te asustes, esto es más sencillo de lo que parece.

Es curioso que el 99 % de los inversores se pasan dos horas en la tienda de electrodomésticos leyendo las características del próximo microondas que van a comprar, pero luego son capaces de invertir los ahorros de su vida en una acción que les recomienda su vecino y de la que ni siquiera han leído el balance. No seas como ellos.

Se inteligente, emplea algún tiempo aprendiendo y tendrás una ventaja enorme sobre la gran mayoría de inversores, incluso los institucionales. En los capítulos sucesivos te explicaré de forma sencilla todo lo que necesitas saber y qué tienes que buscar.

Para conseguir los estados financieros de una empresa lo mejor es ir a la sección de relación con inversores de la página web de la compañía y descargarnos los informes.

Si por ejemplo quieres buscar los estados financieros de Apple, simplemente escribe en tu buscador "Apple investor relations" y haz click en la web oficial. Si se trata de una compañía que cotiza en EE. UU. habrá un apartado llamado "SEC filings" o similar. En él accede a los informes 10K y 10Q, que se corresponden con el informe anual y el informe trimestral respectivamente. La compañía está obligada a presentarlos al regulador americano. Para cualquier otra compañía no cotizada en EE. UU. simplemente busca "Annual report".

Cabe destacar, que los informes de compañías en Estados Unidos siguen un formato estándar y son mucho más minuciosos, por lo que será de gran ayuda para ti poder disponer de ellos. Los estados financieros que aparecen en los informes de la compañía son los únicos válidos. Sin embargo, en caso de que tengas problemas para encontrar lo que buscas, existen también numerosas webs de finanzas en las que puedes ver publicado el resumen de los estados financieros. Algunos ejemplos son *investing.com*, *macrotrends*, *morningstar*, *gurufocus*, *seekingalpha* o *TIKR*.

CAPÍTULO 6:

ENTENDER LA CUENTA DE RESULTADOS

La cuenta de resultados (o cuenta de pérdidas y ganancias) es uno de los tres documentos que nos informan sobre los estados financieros de una empresa, junto al balance y al flujo de efectivo. Las empresas lo presentan como parte de sus informes anuales y trimestrales.

Saber leer la cuenta de resultados de una empresa es clave para poder entenderla, ya que es el documento que nos dice si el negocio gana o pierde dinero y por qué. Nuestro objetivo principal como inversores es hacernos con compañías fantásticas a precios razonables y mantenerlas a largo plazo. En este capítulo vas a aprender a leer la cuenta de resultados de forma correcta, para poder identificar en ella las características de empresas que sobresalen sobre el resto y con ventajas competitivas duraderas.

Una cuenta de resultados no es más que una tabla en la que se suman todos los ingresos que ha tenido la compañía y se restan todos los gastos. El resultado final nos indicará cuánto ha ganado la compañía en ese período contable. La estructura habitual es la siguiente (las cifras se indican en millones excepto el BPA):

INGRESOS	37,200
COSTE DE LAS VENTAS	-14,600
BENEFICIO BRUTO	22,600
GASTOS OPERATIVOS	
GASTOS GEN. ADMN. VENT.	-12,100
GASTOS I+D	-900
RESULTADO OPERATIVO	9,600
DEPRECIACIONES & AMORTZ.	-1,100
RESULTADO DE EXPLOTACIÓN	8,500
GASTOS FINANCIEROS	-400
BENEFICIO ANTES DE IMPUESTOS	8,100
IMPUESTOS SOBRE BENEFICIOS	-2,000
BENEFICIO NETO	6,100
BENEFICIO POR ACCIÓN (BPA)	1.45

Ahora desmenucemos una a una todas las partes para poder estudiar cada una más a fondo:

Ingresos (*Revenue*): ¿De dónde viene el dinero?

➜ **INGRESOS** **37,200**

La primera línea de una cuenta de resultados es siempre la cifra total de ventas. Es decir, la cantidad de dinero que obtiene la empresa por vender sus productos o servicios durante un periodo contable determinado. Obviamente, cuantos más ingresos por ventas, mejor.

En lo que debemos fijarnos especialmente en esta partida de ingresos es en que aumenten de forma constante año a año. A mayor crecimiento mejor, pero es importante que los ingresos tengan poca volatilidad. Es decir, que no den muchos saltos, con años muy malos y años muy buenos.

INGRESOS TRIMESTRALES

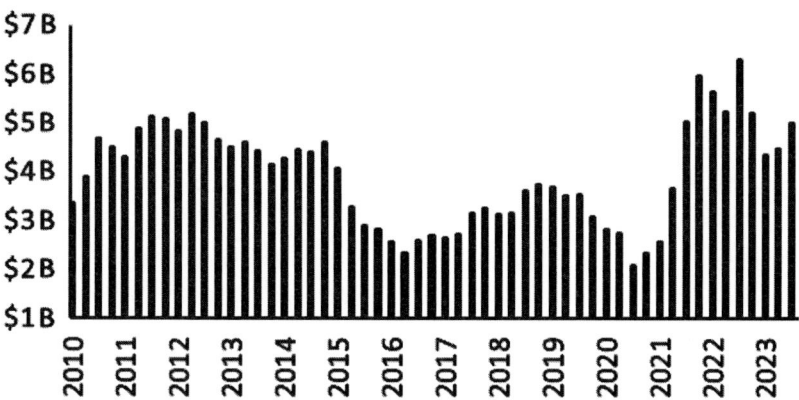

INGRESOS TRIMESTRALES

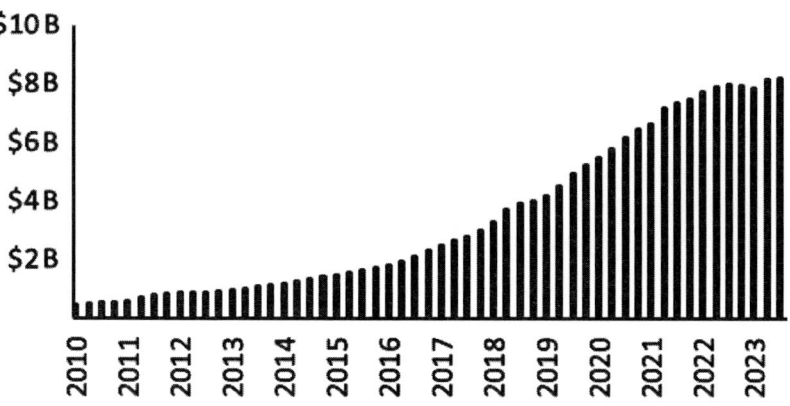

En el primer gráfico anterior puedes ver un ejemplo de lo que tienes que evitar. Una empresa que a lo largo de los años ha tenido unos ingresos muy impredecibles, con años muy malos intercalados con años extremadamente buenos. Intentar tomar la media aritmética de todos esos valores como referencia sería un error grave. No te engañes, porque no hay ninguna razón para pensar que los beneficios futuros tendrán algún parecido con el valor matemático calculado. El único caso en que consideraremos invertir en este tipo de empresa es si pertenece a un sector cíclico que conocemos bien o si cotiza cercana al valor de liquidación.

El segundo gráfico es el ejemplo fantástico de una compañía con unos ingresos perfectos. No porque sean grandes o pequeños, sino porque crecen de forma constante y predecible y con una volatilidad mínima. Al valorar una acción, queremos poder tener una certeza razonablemente alta de cuáles serán los ingresos futuros. Si no eres capaz de extrapolar de forma suficientemente certera cuánto ingresará en los próximos 5 o 10 años, tira el informe en la pila de cosas demasiado difíciles y pasa a la siguiente acción.

Coste de las ventas (*Cost of revenue*): ¿Es caro producir?

	INGRESOS	37,200
➔	**COSTE DE LAS VENTAS**	**-14,600**

El coste de las ventas representa el importe directo que cuesta producir los bienes vendidos. En esta partida están incluidos el coste de la mano de obra directa y el coste de las materias primas.

En empresas que se dedican a vender servicios en lugar de productos físicos, el coste de las ventas es debido en su mayoría a los gastos directos en mano de obra que se necesitan para crear esos servicios.

A modo de ejemplo, en una compañía de ingeniería que se dedica a prestar servicios de consultoría la mayoría de estos gastos serán debidos al salario de los ingenieros y del resto de trabajadores. Por otro lado, en un negocio industrial que fabrica vigas de hormigón la mayoría de los costes de ventas serán debidos a la adquisición del cemento, del resto de materias primas y al sueldo de los operarios.

La regla a seguir aquí es que cuanto menor sea el coste de las ventas, mejor. Por norma general es mejor invertir siempre en compañías que tienen unos costes de ventas muy bajos, porque esto se traducirá posteriormente en márgenes netos más altos.

Beneficio bruto y margen bruto (*Gross Profit*)

	INGRESOS	37,200
	COSTE DE LAS VENTAS	-14,600
➔	**BENEFICIO BRUTO**	**22,600**

Si a los ingresos le restamos el coste directo de las ventas obtenemos el beneficio bruto. Esta cifra la podemos representar como un porcentaje sobre los ingresos y a este porcentaje lo llamaremos margen bruto. Para calcularlo dividimos el beneficio bruto entre los ingresos y multiplicamos por 100.

$$BENEFICIO\ BRUTO = INGRESOS - COSTE\ DE\ LAS\ VENTAS$$

$$MARGEN\ BRUTO\ [\%] = \frac{BENEFICIO\ BRUTO}{INGRESOS} \times 100$$

A modo ilustrativo, en el ejemplo anterior el beneficio bruto y el margen bruto se calcularían de la siguiente manera:

$$BENEFICIO\ BRUTO = \$37,200M - \$14,600M = \$22,600M$$

$$MARGEN\ BRUTO\ [\%] = \frac{\$22,600M}{\$37,200M} \times 100 = 60.7\ \%$$

Las empresas que intentaremos buscar son las que muestran márgenes brutos lo más altos posible de forma consistente. El motivo de ello es que tienden a ser compañías de gran calidad con una ventaja competitiva duradera, o bien empresas poco intensivas en capital con facilidad para crecer.

Este tipo de empresas de calidad generan un altísimo valor añadido que pueden facturar a sus clientes. Suelen ser las líderes de su sector y con grandes fortalezas de marca.

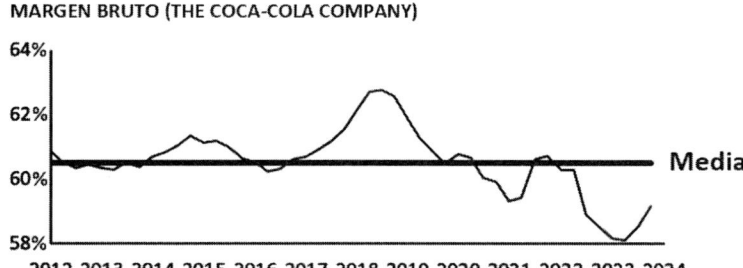

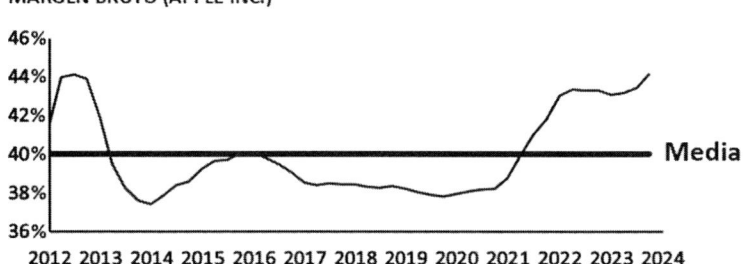

MARGEN BRUTO (UNITED STATES STEEL CORP.)

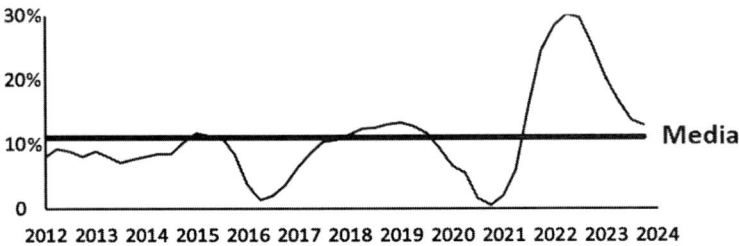

Comparemos por ejemplo el margen del 60 % de Coca-Cola, o el 40 % de Apple con el pobre 11 % de U.S. Steel. Lo que nos indican los altos márgenes de las dos primeras es que poseen un gran poder de fijación de precios y gran rentabilidad.

Debemos mantenernos alejados de compañías con márgenes inferiores al 20 % porque pertenecen a sectores con mucha competencia en los que es difícil destacar y que tienen bajas rentabilidades. Busca siempre compañías con márgenes brutos mayores al 30 % o 40 % a ser posible.

Gastos operativos o de explotación (*Operating expenses*)

INGRESOS		37,200
COSTE DE LAS VENTAS		-14,600
BENEFICIO BRUTO		22,600
GASTOS OPERATIVOS		
→	**GASTOS GEN. ADMN. VENT.**	**-12,100**
→	**GASTOS I+D**	**-900**

Los gastos de operación son en los que se incurre por mantener el negocio funcionando, aunque no se esté produciendo nada. Pueden estar formados por diversas partidas, pero las más importantes son los gastos generales, administrativos y de ventas, y también los gastos en investigación y desarrollo.

Dentro de la partida de gastos generales, administrativos y de ventas (SG&A) se incluyen todos los gastos debidos a las ventas, publicidad, transportes, alquileres, electricidad, suministros y salarios de personal que no interviene directamente en la creación del producto. Ejemplos de ello son los departamentos administrativos, de contabilidad, marketing, recursos humanos, etc.

Obviamente, cuanto menores sean los gastos generales, administrativos y de ventas, mejor. Sin embargo debemos ser conscientes de que el porcentaje que representa esta partida sobre el total de gastos de la empresa puede variar muchísimo de una compañía a otra dependiendo de la naturaleza del negocio. De lo que sí debemos estar seguros es que esos gastos sean constantes en todos los ejercicios, si pueden ser bajos de forma constante mucho mejor. No es bueno que históricamente haya mucha variación de los gastos de unos años para otros. Con ello evitaremos que la compañía nos de sorpresas desagradables en el futuro.

La segunda partida más importante de los gastos operativos es la de investigación y desarrollo (R&D). En ocasiones la ventaja competitiva de una empresa está basada en una patente que ha requerido de investigación científica, como en el caso de las empresas farmacéuticas. En otras ocasiones la ventaja competitiva se basa en la superioridad tecnológica, como es el caso de Intel. Pero, ¿qué sucede cuando la patente expira o cuando una nueva tecnología amenaza su dominio, como le sucede a Intel con Nvidia?

Las empresas que se encuentran es esta situación están obligadas a gastar grandes cantidades de dinero anualmente en I+D para mantener su competitividad, lo cual reduce sus beneficios. Por lo tanto, si todas las demás condiciones son iguales, es mejor una empresa que no necesita gastar mucho en investigación que otra que esté obligada a hacerlo, porque la segunda tendrá su ventaja competitiva amenazada constantemente.

Un ejemplo perfecto de ello es TSMC, la cual es la líder en un sector crucial para la economía mundial y que además pertenece a un oligopolio. Sin embargo cada año la compañía se ve obligada a quemar sus beneficios del año anterior para mantener su tecnología a la vanguardia. Como inversores preferiremos siempre empresas que generen mucho efectivo sin necesidad de realizar grandes esfuerzos en investigación.

Resultado operativo (*EBITDA*): Lo que confunde a muchos.

INGRESOS	37,200
COSTE DE LAS VENTAS	-14,600
BENEFICIO BRUTO	22,600
GASTOS OPERATIVOS	
GASTOS GEN. ADMN. VENT.	-12,100
GASTOS I+D	-900
→ **RESULTADO OPERATIVO**	**9,600**

El EBITDA es el resultado de restarle al beneficio bruto los gastos operativos que hemos visto en el punto anterior. La palabra EBITDA significa beneficios antes de intereses, impuestos, amortizaciones y depreciaciones, por sus siglas en inglés. Su significado es mostrar el beneficio que obtiene la compañía puramente por el desempeño de sus operaciones. Cuanto mayor sea mejor.

Esta métrica se puede representar también en forma de porcentaje sobre los ingresos. Simplemente dividiendo el EBITDA entre los ingresos por ventas y multiplicando por 100.

$$MARGEN \ EBITDA \ [\%] = \frac{EBITDA}{INGRESOS} \times 100$$

El uso del EBITDA como métrica para cuantificar el desempeño de una compañía se ha hecho muy popular últimamente en el mundo de las finanzas y en Wall Street. Sin embargo, debemos desconfiar cada vez que veamos utilizarlo, ya que el **EBITDA** no tiene en cuenta las amortizaciones, por lo que nos muestra unos **beneficios más inflados de lo que realmente son**. La forma de razonar de las directivas que abusan de él es la siguiente: "Mis beneficios netos reales son pésimos, pero si muestro el EBITDA (del que aún no he restados otros gastos posteriores) los números parecerán muy buenos y los accionistas estarán contentos".

El maquillaje contable que proporciona es muy apreciado por compañías en problemas y aunque algunos lo consideran la mejor medida del desempeño del negocio puro de la empresa, hay que tener mucho cuidado y entender de lo que estamos hablando realmente. Las amortizaciones son un gasto muy real y aunque no sean un pago instantáneo, en cierto momento del futuro deberá afrontarse la renovación de equipos. Por lo tanto, no tenerlas en cuenta supone sobrevalorar la capacidad de generación de beneficios.

Cuando inviertas procura que el EBITDA y el margen EBITDA sean altos. Pero, ¡no te fíes únicamente de ello!

Depreciaciones y amortizaciones: El gasto oculto.

INGRESOS	37,200
COSTE DE LAS VENTAS	-14,600
BENEFICIO BRUTO	22,600
GASTOS OPERATIVOS	
GASTOS GEN. ADMN. VENT.	-12,100
GASTOS I+D	-900
RESULTADO OPERATIVO	9,600
➔ **DEPRECIACIONES & AMORTZ.**	**-1,100**

Imagina una empresa que tiene un cierto activo como por ejemplo un equipo informático, una máquina o un edificio. Ese activo se desgastará con el tiempo hasta que al final sea tan viejo que resulte inservible, por lo tanto perderá valor cada año. Lo que hacen las empresas para gestionar el envejecimiento de los activos es estimar esa pérdida de valor y en cada ejercicio "guardar" ese dinero en una cuenta de amortizaciones o depreciaciones para poder sustituir el activo cuando llegue al final de su vida útil.

Si por ejemplo el activo es una máquina que vale $50,000 y que se estima que podrá funcionar de forma óptima durante 10 años, la empresa guardará $5,000 cada año para poder sustituir la máquina al final de su vida útil.

AÑO	1	2	3	…	10
DEPRECIACIÓN	$5,000	$5,000	$5,000	…	$5,000

El período de depreciación lo establece la propia empresa, la directiva decide cuánto va a "durar" cada activo. Lo normal es que el período de amortización de edificios y plantas sea de 30 años o más, el de máquinas 5-10 años y el de software y mobiliario de 1 a 5 años.

El apartado de depreciaciones suele ser muy empleado por empresas en problemas para maquillar sus cuentas, ya que si pueden variar a voluntad el período de depreciación de activos, simplemente tienen que elegir uno mayor para que la cantidad que se carga anualmente a la cuenta de depreciaciones sea menor. Por lo tanto el beneficio neto de ese año será mayor. Habrán mejorado los beneficios cuando en realidad no se ha ganado más dinero.

Es importante vigilar que las depreciaciones crezcan o disminuyan siempre a la misma velocidad que los activos. Si hay años en los que son muy grandes y años en los que son muy pequeñas eso indicaría que la directiva está tratando de trasladar beneficios a los períodos contables que más le conviene. Y como inversor quieres invertir en una empresa con una directiva honesta, que no te mienta cuando las cosas van mal y que no realicen artificios contables.

Es importante destacar que las amortizaciones son un gasto, pero no son un pago. Es decir, en la contabilidad el dinero se reduce, pero en realidad sigue estando en la cuenta bancaria de la empresa. Normalmente el término depreciación se usa para referirnos a activos tangibles como un ordenador y el término amortización para referirnos a activos intangibles, como una patente.

Por regla general los negocios con una buena ventaja competitiva suelen tener partidas de amortización pequeñas, porque necesitan poco capital para producir muchos beneficios. Por otro lado, las empresas que necesitan muchos activos para producir sus productos y servicios se gastan más dinero en las depreciaciones de esos activos. Un ejemplo de ello son las empresas automovilísticas. Invierte preferiblemente en compañías cuyas depreciaciones sean pequeñas en relación a su beneficio neto.

Resultado de explotación (EBIT/*Operating Icome*)

INGRESOS	37,200
COSTE DE LAS VENTAS	-14,600
BENEFICIO BRUTO	22,600
GASTOS OPERATIVOS	
GASTOS GEN. ADMN. VENT.	-12,100
GASTOS I+D	-900
RESULTADO OPERATIVO	9,600
DEPRECIACIONES & AMORTZ.	-1,100
➔ **RESULTADO DE EXPLOTACIÓN**	**8,500**

El resultado de explotación también se conoce como EBIT, que son las siglas en inglés de beneficios antes de intereses e impuestos. Se obtiene restándole al resultado operativo las amortizaciones. Para obtener el margen de explotación, sólo tenemos que dividir el resultado de explotación entre los ingresos de ventas totales y multiplicar por 100. Eso nos indicará la fracción de las ventas que representa el resultado de explotación.

$$EBIT = EBITDA - AMORTIZACIONES$$

$$MARGEN\ EBIT\ [\%] = \frac{EBIT}{INGRESOS} \times 100$$

En el ejemplo anterior podemos calcular el resultado de explotación y el margen de explotación de manera muy sencilla de la siguiente manera:

$$EBIT = \$9,600M - \$1,100M = \$8,500M$$

$$MARGEN\ EBIT\ [\%] = \frac{\$8,500M}{\$37,200M} \times 100 = 22.8\ \%$$

Al mirar una cuenta de resultados debemos buscar que el margen de explotación sea lo más grande posible.

Gastos financieros *(Interest expenses)*: Lo que debes evitar.

INGRESOS	37,200
COSTE DE LAS VENTAS	-14,600
BENEFICIO BRUTO	22,600
GASTOS OPERATIVOS	
GASTOS GEN. ADMN. VENT.	-12,100
GASTOS I+D	-900
RESULTADO OPERATIVO	9,600
DEPRECIACIONES & AMORTZ.	-1,100
RESULTADO DE EXPLOTACIÓN	8,500
➔ **GASTOS FINANCIEROS**	**-400**

En las empresas que tienen deuda, los gastos financieros representan el dinero que paga la empresa por los intereses de los préstamos que mantiene. También es posible para una compañía estar ganando más intereses de los que paga, este es el caso típico de los bancos, sin embargo la mayoría de compañías industriales y de servicios pagan más intereses de los que ganan.

Si vemos una partida de gastos financieros muy altos, es muy probable que se deba a que estemos ante una compañía con mucha deuda, o en un sector con mucha competencia y con muchos gastos de capital. La regla general es que los mejores negocios suelen tener muy poca deuda y por lo tanto gastos financieros bajos. Incluso ingresos financieros netos positivos. En el caso de empresas de productos de consumo, es buena práctica que intentemos buscar las que presenten unos gastos financieros inferiores al 15 %.

Sin embargo, hay que tener en cuenta que los gastos financieros varían mucho entre sectores, por lo que debemos comparar cada compañía con las de su propio sector. Las que tengan los menores gastos financieros del sector suelen ser también las de más calidad.

Otra cosa a tener en cuenta es que desde hace algunos años las normas contables estadounidenses obligan a las compañías a contabilizar la variación de precios de sus carteras de activos financieros como si se tratase de beneficios o pérdidas reales. Es decir si una compañía tiene una cartera de acciones relativamente grande y el precio de mercado de esas acciones cae, entonces la compañía deberá reportarlo como una pérdida financiera aunque no haya vendido ni una sola acción.

Investiga si la cartera de activos financieros es lo suficientemente grande como para distorsionar los resultados, no te dejes confundir por este efecto contable. En el capítulo sobre manipulación contable hablaremos más sobre este tema.

Beneficios antes de impuestos *(Earnings before taxes)*

INGRESOS	37,200
COSTE DE LAS VENTAS	-14,600
BENEFICIO BRUTO	22,600
GASTOS OPERATIVOS	
GASTOS GEN. ADMN. VENT.	-12,100
GASTOS I+D	-900
RESULTADO OPERATIVO	9,600
DEPRECIACIONES & AMORTZ.	-1,100
RESULTADO DE EXPLOTACIÓN	8,500
GASTOS FINANCIEROS	-400
➔ **BENEFICIO ANTES DE IMPUESTOS**	**8,100**

El beneficio antes de impuestos, o EBT, son las ganancias de la empresa tras haber deducido todos los gastos, excepto los impuestos. Hablar en términos de beneficios antes de impuestos nos permite comparar negocios de países o zonas con diferentes niveles impositivos. El margen de beneficio antes de impuestos se conoce también como margen EBT, se calcula dividiendo el beneficio antes de impuestos entre los ingresos totales y multiplicándolo por 100. Cuanto mayor sean estas cifras, mejor.

$$EBT = EBIT - GASTOS\ FINANCIEROS$$

$$MARGEN\ EBT\ [\%] = \frac{EBT}{INGRESOS} \times 100$$

Impuesto sobre beneficios *(Income taxes)*: La parte del Gobierno.

INGRESOS	37,200
COSTE DE LAS VENTAS	-14,600
BENEFICIO BRUTO	22,600
GASTOS OPERATIVOS	
GASTOS GEN. ADMN. VENT.	-12,100
GASTOS I+D	-900
RESULTADO OPERATIVO	9,600
DEPRECIACIONES & AMORTZ.	-1,100
RESULTADO DE EXPLOTACIÓN	8,500
GASTOS FINANCIEROS	-400
BENEFICIO ANTES DE IMPUESTOS	8,100
➜ **IMPUESTOS SOBRE BENEFICIOS**	**-2,000**

Las empresas están obligadas a pagar el impuesto de sociedades, que grava el beneficio que han obtenido a la tasa que el Gobierno decida. El valor del impuesto varía ampliamente de unos países a otros.

$$IMPUESTOS\ A\ PAGAR \simeq EBT \times TASA\ IMPOSITIVA$$

Podemos utilizar esta partida para detectar los artificios contables que algunas empresas pueden utilizar para inflar sus ganancias de cara a los accionistas. Si por ejemplo una empresa opera únicamente en cierto país en el que se debe pagar un 25 % de impuestos y ha pagado 100 millones, entonces sus beneficios antes de impuestos deberían haber sido en teoría de 400 millones.

$$BENEFICIO\ ANTES\ DE\ IMPUESTOS =$$

$$= \frac{IMPUESTOS\ A\ PAGAR}{TASA\ IMPOSITIVA} = \frac{\$100M}{0.25} = \$400M$$

Conocido este dato debemos ir a ver cuáles son los beneficios antes de impuestos que ha declarado. Si han sido mucho mayores o mucho menores que los $400 millones deberíamos empezar a hacernos preguntas sobre un posible maquillaje contable. Hablaremos más en detalle sobre esto en el capítulo dedicado a artificios contables.

Invertiremos siempre en empresas con directivas que sean honestas y que no traten de ocultar años malos mediante maquillajes contables en relación a los impuestos. Por lo tanto debemos hacer la comprobación anterior para asegurarnos de que las cifras de impuestos son consistentes con los resultados.

Además de ello, invertiremos preferiblemente en empresas de países con bajas tasas impositivas. Cuanto menor sea la parte del Gobierno, mayor será la parte del pastel con la que se quedará la compañía. En el largo plazo, si tenemos en cuenta el interés compuesto, la diferencia será grande porque el negocio podrá crecer a mucha mayor velocidad.

Beneficio neto (*Net earnings*): Lo que de verdad importa.

INGRESOS	37,200
COSTE DE LAS VENTAS	-14,600
BENEFICIO BRUTO	22,600
GASTOS OPERATIVOS	
GASTOS GEN. ADMN. VENT.	-12,100
GASTOS I+D	-900
RESULTADO OPERATIVO	9,600
DEPRECIACIONES & AMORTZ.	-1,100
RESULTADO DE EXPLOTACIÓN	8,500
GASTOS FINANCIEROS	-400
BENEFICIO ANTES DE IMPUESTOS	8,100
IMPUESTOS SOBRE BENEFICIOS	-2,000
➔ **BENEFICIO NETO**	**6,100**

El beneficio neto es el resultado de restarle los impuestos al beneficio antes de impuestos. Se puede expresar también en forma de porcentaje. La fracción que representa sobre los ingresos se llama margen neto y se calcula dividiendo el beneficio neto entre los ingresos y multiplicando por 100.

$$BENEFICIO\ NETO = EBT - IMPUESTOS$$

$$MARGEN\ NETO\ [\%] = \frac{BENEFICIO\ NETO}{INGRESOS} \times 100$$

En el ejemplo anterior se pueden calcular ambos muy fácilmente de la siguiente forma:

$$BENEFICIO\ NETO = \$8,100M - \$2,000M = \$6,100M$$

$$MARGEN\ NETO\ [\%] = \frac{\$6,100M}{\$37,200M} \times 100 = 16.4\ \%$$

El margen neto es uno de los indicadores más importantes sobre la calidad de una compañía. Lo que caracteriza a las empresas de gran calidad es que muestran una tendencia alcista en el beneficio neto. Además lo hacen de forma ininterrumpida y constante en el tiempo. Lo que buscamos es predictibilidad. Para conocer el valor de una compañía necesitamos poder decir con un alto grado de confianza cuáles serán los beneficios netos aproximados para los próximos 5 o 10 años.

A modo de ejemplo, podemos ver en la siguiente imagen el beneficio neto de Ross Stores, que ha seguido una línea ascendente de crecimiento constante casi perfecta hasta que se vieron obligados a cerrar tiendas temporalmente durante la pandemia de 2020. Al negocio no le pasaba nada. Un inversor inteligente podría haber postulado sin temor a equivocarse que en algún momento del futuro los beneficios volverían a su valor habitual. Podría haber comprado la acción a precio de saldo y un año más tarde haber duplicado su inversión.

BENEFICIO NETO ROSS STORES (TTM)

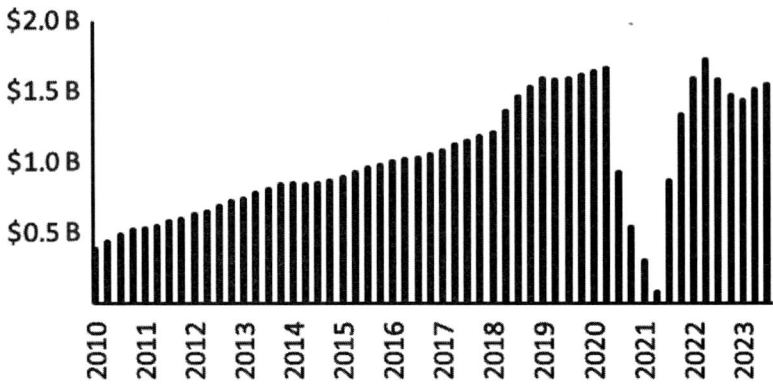

En las compañías que invertimos no deberían aparecer ejercicios con beneficios muy volátiles, unas veces muy altos y otras veces muy bajos. Eso sería lo ideal cuando busquemos una empresa perfecta para invertir a largo plazo.

A pesar de ello, es posible también que nos interese en cierto momento invertir en compañías estables o en sectores cíclicos. En ese caso preferiremos empresas donde podamos decir que los beneficios en períodos normales son realmente estables. De esa manera podremos afirmar con un alto grado de seguridad cuáles serán los beneficios futuros incluso si en el momento actual la compañía está pasando por un período malo. En sectores cíclicos deberemos ser capaces de extrapolar con suficiente exactitud los beneficios de un ciclo completo.

La imagen que mostramos a continuación es el ejemplo perfecto de lo que buscamos cuando invertimos en compañías estables. Los beneficios se han mantenido constantes y sin casi variación durante un largo período. Eso nos proporciona predictibilidad. Podemos decir sin temor a equivocarnos que el beneficio neto medio anual es de aproximadamente $1,000 millones de dólares. Y va a continuar así con toda probabilidad.

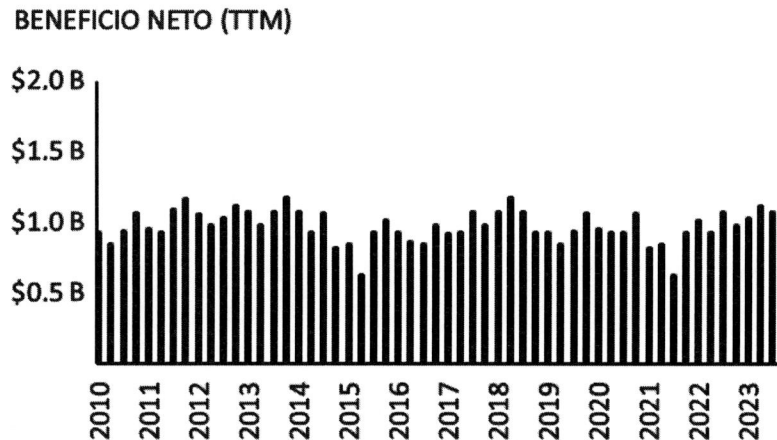

Sin embargo, en la imagen siguiente podemos ver los beneficios netos históricos de US Steel. Si hiciésemos la media de los últimos 5 años llegaríamos a la conclusión de que la compañía ha ganado aproximadamente $1,300 millones al año de media. Pero esa cifra es solamente un constructo matemático. Jamás podríamos utilizar esa media para extrapolar cuáles serán los beneficios futuros de la compañía. El futuro no tendrá nada que ver con esa cifra media.

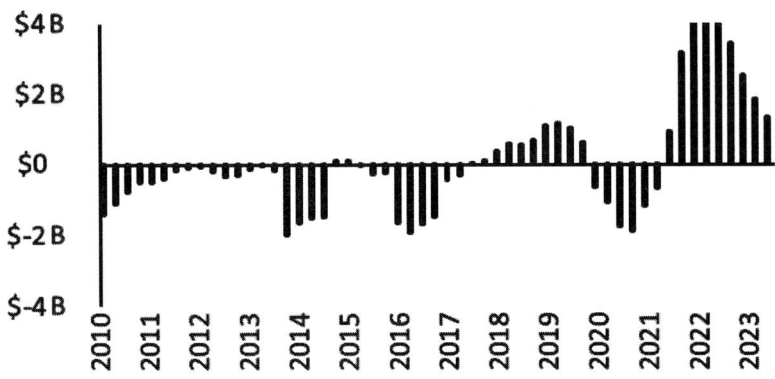

BENEFICIO NETO UNITED STATES STEEL CORP. (TTM)

Además de buscar beneficios netos predecibles, procuraremos siempre que las acciones en las que invirtamos sean de negocios con altos márgenes. Cada sector tiene unos márgenes netos característicos, pero normalmente si estudiamos a las empresas que compiten en ese sector la que tiene unos márgenes netos mayores es la que tiene la ventaja competitiva.

Cuanto mayor sea el margen neto más protegida estará la empresa ante momentos de dificultades. Una compañía que tenga un 5 % de margen neto en un sector muy competitivo es muy fácil que en un año malo pierda dinero, mientras que una con un margen del 30 % seguirá ganando dinero incluso en los peores momentos de una crisis.

Un margen neto inferior al 10 % es característico de empresas de baja calidad o de sectores con mucha competencia en los que es difícil ser rentable. Márgenes superiores al 20 % indican que probablemente la empresa es de gran calidad o que tiene una gran ventaja competitiva.

Por ejemplo los márgenes netos del 40 % o 50 % de Visa indican que estamos ante la compañía con mayor ventaja competitiva del sector.

MARGEN NETO (VISA INC.)

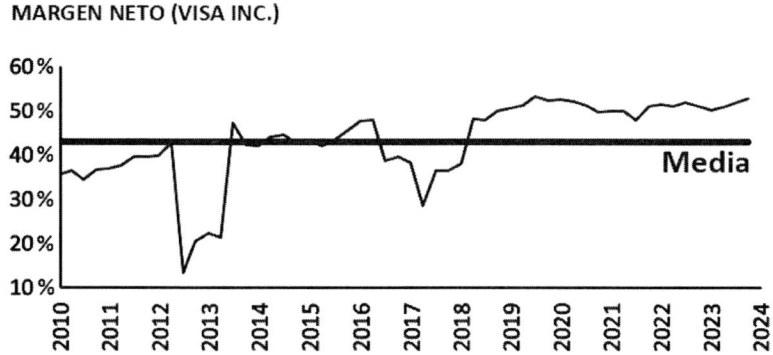

Beneficio por acción *(Earnings per share)*

INGRESOS	37,200
COSTE DE LAS VENTAS	-14,600
BENEFICIO BRUTO	22,600
GASTOS OPERATIVOS	
GASTOS GEN. ADMN. VENT.	-12,100
GASTOS I+D	-900
RESULTADO OPERATIVO	9,600
DEPRECIACIONES & AMORTZ.	-1,100
RESULTADO DE EXPLOTACIÓN	8,500
GASTOS FINANCIEROS	-400
BENEFICIO ANTES DE IMPUESTOS	8,100
IMPUESTOS SOBRE BENEFICIOS	-2,000
BENEFICIO NETO	6,100
➔ BENEFICIO POR ACCIÓN (BPA)	**1.45**

El beneficio por acción también se conoce como BPA o EPS, por sus siglas en inglés. Se calcula dividiendo el beneficio neto de la empresa entre el número de acciones en circulación.

$$BENEFICIO\ POR\ ACCIÓN =$$

$$= \frac{BENEFICIO\ NETO}{N^{\underline{o}}\ ACCIONES\ EN\ CIRCULACIÓN}$$

Si en el ejemplo anterior las cifras representasen millones de dólares, el beneficio neto sería de $6,100 millones. Imaginemos que esa compañía tiene 4,200 millones de acciones en circulación. Entonces el beneficio por acción sería de $1.45 por acción.

$$BPA = \frac{\$6,100M}{4,200M} = \$1.45/acción$$

Al igual que en el caso del beneficio neto, los datos de un único año, sea bueno o malo, nos dicen bastante poco sobre la calidad de un negocio. Debemos buscar compañías que presenten un patrón en los beneficios por acción tal que se hayan incrementado año a año de forma constante durante muchos años. El ejemplo de Hormel Foods es perfecto.

BENEFICIO POR ACCIÓN (HORMEL FOODS CORP.)

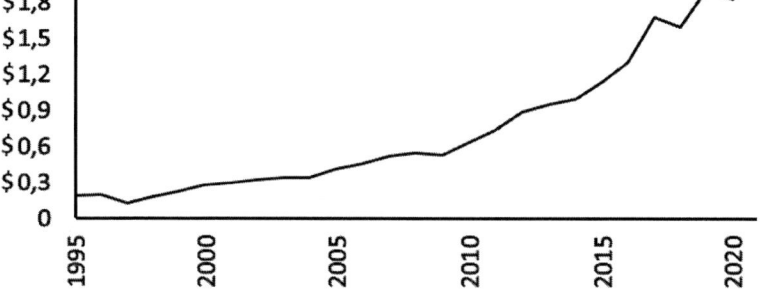

En la tabla inferior, la columna de la derecha muestra cómo debe ser el patrón adecuado. Por otro lado, la de la izquierda muestra un mal patrón. Sin embargo debemos ser especialmente cautelosos, ya que este patrón puede ser distorsionado por las recompras de acciones o *share repurchase* que hacen algunas compañías.

	MAL BPA	BUEN BPA
AÑO 1	$1	$1
AÑO 2	$1.3	$1.2
AÑO 3	-$0.5	$1.4
AÑO 4	$3	$1.7
AÑO 5	-$0.1	$2.1
AÑO 6	$4.1	$2.5

Una recompra de acciones consiste en que una empresa compre sus propias acciones para retirarlas de la circulación. Por lo tanto, al haber menos, el BPA subirá y los accionistas se beneficiarán del incremento del precio. Si las recompras se realizan cuando la compañía está infravalorada son siempre una buena noticia, pero debemos estar atentos, porque los *share repurchase* pueden generar un patrón de beneficios por acción ascendentes incluso cuando las ganancias netas de la compañía estén retrocediendo. Para evitar caer en este error, lo mejor es que en las compañías que hacen recompras nos fijemos en el beneficio neto en vez de en el beneficio por acción.

Existen también otras partidas que pueden aparecer en la cuenta de resultados. Aquí hemos hablado simplemente de las más importantes. En caso de que veamos partidas debidas a ingresos o gastos extraordinarios, debemos asegurarnos que realmente sean extraordinarios y que no representen grandes gastos de forma recurrente. Eso podría significar que la compañía las utiliza para hacer ingeniería financiera.

Para terminar este capítulo, en el cuadro que se muestra a continuación podemos observar un resumen de todos los puntos que hemos visto y las principales ideas que debemos tener en cuenta. Cuando analicemos una empresa, cuanto más se parezca su cuenta de resultados al modelo ideal, más calidad tendrá, menos riesgo asumiremos y más rentabilidad podrá ofrecernos. Teniendo en cuenta por supuesto, que paguemos un precio razonable por ella.

TASA DE CRECIMIENTO DE INGRESOS ALTA Y CONSTANTE	COSTE DE VENTAS PEQUEÑO
MARGEN BRUTO **> 20%**	GASTOS GEN. ADMN. VENT. BAJOS Y ESTABLES
GASTOS EN I+D BAJOS	EBITDA Y MARGEN OPERATIVO ALTO
DEPRECIACIONES Y AMORTIZACIONES PEQUEÑAS	MARGEN DE EXPLOTACIÓN LO MAYOR POSIBLE
GASTOS FINANCIEROS **< 15%**	MARGEN EBT LO MAYOR POSIBLE
MARGEN NETO **> 20%**	BPA CON CRECIMIENTO ALTO Y PREDECIBLE

CAPÍTULO 7:

ENTENDER EL BALANCE

Un balance es un informe económico que nos muestra la situación financiera de una empresa en un momento específico determinado. Se publica trimestral o anualmente y se puede encontrar en la web de la empresa o en páginas financieras especializadas.

De la misma manera que la cuenta de resultados nos informaba sobre cómo le ha ido a una empresa en un año o en un trimestre determinado, el balance nos muestra la situación económica acumulada por la compañía como consecuencia de los resultados de todos sus años de explotación en un momento determinado. Es una fotografía estática de la situación financiera en un instante específico.

El balance es, con diferencia, el documento más importante para un inversor, ya que proporciona información de casi todos los aspectos importantes sobre un negocio. Lanzarse a invertir en una compañía sin haber estudiado el balance es como tirarse al mar sin saber nadar. De hecho uno de los principales motivos por los que la gente pierde dinero en bolsa, es por no saber lo que están comprando, por guiarse por opiniones subjetivas de otras personas y por no haberse molestado en investigar por sí mismos dónde están metiendo su dinero.

El balance está formado por dos columnas principales. La primera es la columna de los activos. En ella aparece todo lo que tiene la empresa, junto con el valor que se le asigna a cada concepto en la contabilidad. La segunda es la columna de los pasivos, la cual nos informa de dónde ha salido el dinero para comprar todos los activos de la primera columna. Por lo tanto el valor de la primera ha de ser igual al valor de la segunda.

Así mismo, cada una de las columnas está dividida en varios bloques. La primera se divide en activos corrientes o circulantes y activos no corrientes. Dentro de los activos corrientes contabilizamos las propiedades que pueden transformarse en dinero en menos de un año, como por ejemplo existencias en inventario, deudas de clientes que aún no pagaron, efectivo y equivalentes, etc. En los activos no corrientes se contabilizan los que no pueden convertirse en dinero en menos de un año porque resulta complicado hacerlos líquidos, como por ejemplo, inversiones a largo plazo, plantas o equipos.

La segunda columna se divide en tres bloques. El primero son los pasivos circulantes o corrientes, es decir las deudas a corto plazo de la empresa con un horizonte de vencimiento inferior a un año. El segundo bloque es el de los pasivos no corrientes, en el que están contabilizadas las obligaciones de pago a largo plazo, como deudas con un vencimiento mayor a un año. El tercero es el patrimonio neto de la empresa, como por ejemplo el capital aportado por los socios o las reservas acumuladas.

Analicemos ahora cada uno de los bloques para ver cuáles son las características que debemos buscar para encontrar empresas extraordinarias.

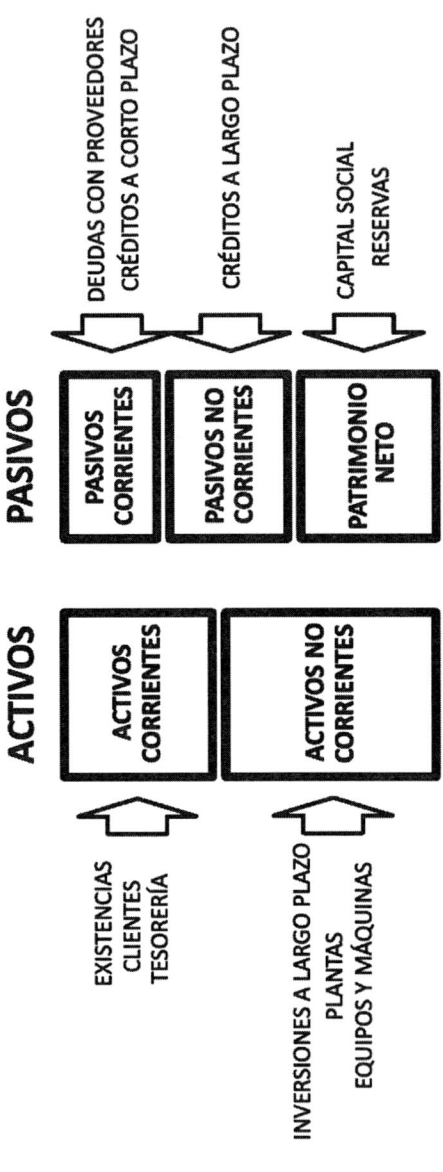

ACTIVOS

ACTIVOS CORRIENTES

EXISTENCIAS
CLIENTES
TESORERÍA

ACTIVOS NO CORRIENTES

INVERSIONES A LARGO PLAZO
PLANTAS
EQUIPOS Y MÁQUINAS

PASIVOS

PASIVOS CORRIENTES

DEUDAS CON PROVEEDORES
CRÉDITOS A CORTO PLAZO

PASIVOS NO CORRIENTES

CRÉDITOS A LARGO PLAZO

PATRIMONIO NETO

CAPITAL SOCIAL
RESERVAS

Activo circulante *(Current assets)*: La sangre de la empresa.

➔ **EFECTIVO E INVERSIONES A CORTO PLAZO**	**11,000**
INVENTARIOS O EXISTENCIAS	3,200
DEUDORES Y CUENTAS A COBRAR	4,000
ANTICIPOS A PROVEEDORES	1,800
ACTIVO CIRCULANTE TOTAL	20,000

EFECTIVO E INVERSIONES A CORTO PLAZO: En esta categoría entra el dinero en efectivo de tesorería o las inversiones en activos equivalentes que puedan hacerse líquidos muy rápidamente, como los bonos a tres meses. Una empresa debe tener la cantidad justa de efectivo, ni mucho ni poco. Si tiene poco estará en riesgo y si tiene demasiado será ineficiente porque el dinero en efectivo ofrece una rentabilidad muy baja o nula, así que ese exceso podría estar mejor invertido en otro lado.

El hecho de que una compañía tenga mucho efectivo puede deberse o bien a que sea un negocio muy bueno que genera mucho dinero, o bien a que haya emitido bonos o nuevas acciones. Esto último es malo en general, porque diluye el valor de cada acción. La única situación en la que es inteligente emitir acciones es cuando su precio está muy sobrevalorado con respecto al valor intrínseco de la compañía.

Debemos fijarnos en si el aumento de efectivo se mantiene en el tiempo o si es un suceso puntual. Si la compañía tiene mucha deuda y mucho efectivo a la vez probablemente sea debido a que ha emitido deuda para financiarse, lo cual es malo si se hace en exceso. También debemos prestar atención para ver si el número de acciones en circulación ha crecido, de ser así es probable que el exceso de dinero en efectivo sea debido a una ampliación de capital y no a la buena marcha del negocio.

El secreto es hacerse la siguiente pregunta: ¿El dinero se ha ganado porque el negocio va genial operativamente o a través de ampliaciones de capital y de deuda? Las empresas con ventajas competitivas duraderas son máquinas de generar efectivo y prácticamente no necesitan capital externo. Sin embargo las empresas jóvenes y sin rentabilidad son máquinas de consumir liquidez, la cual se busca fuera en los mercados financieros.

EFECTIVO E INVERSIONES A CORTO PLAZO	11,000
➔ **INVENTARIOS O EXISTENCIAS**	**3,200**
DEUDORES Y CUENTAS A COBRAR	4,000
ANTICIPOS A PROVEEDORES	1,800
ACTIVO CIRCULANTE TOTAL	20,000

INVENTARIOS O EXISTENCIAS: En esta partida se contabiliza el valor de tres tipos de ítems principalmente. Los productos terminados que están en stock en el almacén y listos para vender a los clientes, las materias primas que la compañía tiene almacenadas y los productos intermedios que están en proceso de fabricación pero que todavía no se han terminado.

Lo que debemos buscar aquí es que los inventarios no crezcan a un ritmo mayor que las ventas, porque eso sería señal de que la compañía no consigue vender todo lo que está produciendo. Esto le suele suceder a compañías cíclicas como las del sector del automóvil justo antes de desplomarse en bolsa. Un desajuste entre los inventarios y las ventas también puede deberse a que se esté tratando de realizar algún tipo de maquillaje contable quemando el inventario para reducir costes artificialmente.

Hay dos formas principales de contabilizar el valor de los inventarios en el balance, el método FIFO (*first in, first out*) y el método LIFO (*last in, first out*). El primer método consiste en que lo primero que entra se considera que es también lo primero que sale. Si por ejemplo una compañía que fabrica muebles compra madera para el almacén a $100 por pieza y luego el precio sube a $200 por pieza, se contabilizará que la primera madera que se utiliza es la que se compró a $100. En el método LIFO sucede lo contrario, se contabiliza que la primera que se utiliza es la que se compró a $200. Obviamente la utilización de un método u otro puede producir grandes diferencias cuando se contabilicen los costes del producto terminado. Debemos vigilar que la compañía no cambie el método que utiliza de un ejercicio contable a otro.

Hazte las preguntas correctas. ¿Se vende todo lo que se produce al ritmo normal del sector? ¿Se mantiene aproximadamente constante la relación entre inventarios y ventas? ¿Ha habido cambios de criterio en la forma de contabilizar el valor de las existencias? ¿Concuerdan las cifras con posibles variaciones de precios de materias primas?

EFECTIVO E INVERSIONES A CORTO PLAZO	11,000
INVENTARIOS O EXISTENCIAS	3,200
➜ DEUDORES Y CUENTAS A COBRAR	**4,000**
ANTICIPOS A PROVEEDORES	1,800
ACTIVO CIRCULANTE TOTAL	20,000

DEUDORES Y CUENTAS A COBRAR: En esta partida se muestra el dinero que los clientes le deben a la compañía. Si se hace una venta y se emite una factura a cobrar a 30 días, mientras el dinero no entre en la empresa se contabiliza bajo este concepto. Cuantas menos cuentas por cobrar haya en relación a las ventas totales mejor, eso indicará que los clientes pagan rápidamente y que la empresa logra cobrar sus facturas en condiciones muy favorables.

EFECTIVO E INVERSIONES A CORTO PLAZO	11,000
INVENTARIOS O EXISTENCIAS	3,200
DEUDORES Y CUENTAS A COBRAR	4,000
➜ ANTICIPOS A PROVEEDORES	**1,800**
ACTIVO CIRCULANTE TOTAL	20,000

ANTICIPOS A PROVEEDORES: Son los pagos por adelantado que se realizan cuando se le paga a un proveedor por un bien que le ha vendido a la empresa, pero que aún no ha llegado o del que aún no se ha tomado posesión. Cuantos menos días pasen entre el momento del pago y la recepción de la mercancía, mejor.

EFECTIVO E INVERSIONES A CORTO PLAZO	11,000
INVENTARIOS O EXISTENCIAS	3,200
DEUDORES Y CUENTAS A COBRAR	4,000
ANTICIPOS A PROVEEDORES	1,800
→ ACTIVO CIRCULANTE TOTAL	**20,000**

ACTIVO CIRCULANTE TOTAL: Es el resultado de sumar todos los conceptos anteriores. Si dividimos el activo circulante entre el pasivo circulante obtenemos la ratio de liquidez. Este número es de vital importancia y nos indica cómo de fácil es para una empresa pagar sus deudas a corto plazo.

$$RATIO\ DE\ LIQUIDEZ = \frac{ACTIVO\ CIRCULANTE}{PASIVO\ CIRCULANTE}$$

Benjamin Graham recomendaba una ratio de liquidez mayor a 1.5 para empresas industriales. A mayor ratio, más fortaleza financiera tiene la empresa. Que la ratio sea cercana o inferior a 1 debería ser una señal de alerta, ya que indica que la compañía está en riesgo de suspender pagos por falta de liquidez.

Sin embargo, también hay algunas excepciones. En compañías de mucha calidad, por ejemplo Coca-Cola, su capacidad de generar ingresos es tan grande que pueden financiar sus descubiertos fácilmente con nuevos préstamos a corto plazo muy baratos. O en sectores concretos, como por ejemplo los supermercados, las características del negocio hacen que se manejen ratios inferiores a uno de forma habitual. Eso es debido a que los productos o servicios que se venden se cobran mucho más rápido que el período de pago de facturas de proveedores.

Activo no circulante _(Noncurrent assets_): El esqueleto de la empresa.

➔ **INMOVILIZADO MATERIAL**   **12,000**
  FONDO DE COMERCIO   16,700
  INMOVILIZADO INTANGIBLE   10,200
  INVERSIONES A LARGO PLAZO   19,800
  ACTIVO NO CIRCULANTE TOTAL   58,700

INMOVILIZADO MATERIAL: Dentro de este concepto consideramos el valor de la propiedad, plantas y equipos. Es típico de negocios en sectores con mucha competencia que necesiten gastar mucho en comprar activos para poder producir. Además esa competencia les obliga a modernizar sus instalaciones cada poco tiempo. Los mejores negocios son capaces de producir grandes beneficios sin tener que emplear mucho dinero en plantas, maquinaria u otros activos similares.

Invertiremos siempre intentando que el inmovilizado material sea pequeño en relación a los beneficios que genera la empresa, porque ello conducirá a tener rentabilidades mayores y más facilidad para crecer. Como regla general intentaremos evitar las compañías que sean muy intensivas en capital. A ser posible elegiremos las que no necesiten grandes y caras instalaciones para poder producir. Las empresas que necesitan mucho inmovilizado para desarrollar sus actividades necesitarán también declarar partidas de amortizaciones y depreciaciones más grandes, por lo tanto la empresa ganará menos en relación a su tamaño.

INMOVILIZADO MATERIAL	12,000
➔ FONDO DE COMERCIO	**16,700**
INMOVILIZADO INTANGIBLE	10,200
INVERSIONES A LARGO PLAZO	19,800
ACTIVO NO CIRCULANTE TOTAL	58,700

FONDO DE COMERCIO: Cuando una compañía compra a otra por un precio superior al valor contable de ésta, ese exceso de dinero pagado se registra en el balance bajo la partida de "fondo de comercio". En palabras sencillas, es lo que la empresa ha pagado de más en una compra en relación al valor contable de los activos que ha comprado.

Si por ejemplo Coca-Cola decide comprar otra empresa de bebidas más pequeña, cotice en bolsa o no, puede darse el caso de que los activos de esa empresa valgan $1 millón de dólares, pero que el precio de compra para cerrar el trato sea de $10 millones. El comprador puede estar dispuesto a pagar más de lo que valen los activos si cree que los beneficios futuros le compensarán esa inversión. En este caso esos $9 millones que Coca-Cola habría pagado de más se computan bajo la partida de fondo de comercio en su balance consolidado de los años posteriores.

Si el fondo de comercio aumenta cada año significa que la compañía está comprando otros negocios para hacerse más grande. Esto puede ser bueno o malo dependiendo de si se compran buenos o malos negocios, para saberlo con certeza deben investigarse esas compras individualmente para corroborar que se han hecho a buen precio o que al menos proporcionarán una ventaja competitiva que justifique el precio pagado.

Hay que tener mucho cuidado con la partida de fondo de comercio de compañías que se han estado dedicando a comprar todo lo que se les ponía por delante para crecer, aunque fuese a costa de pagar precios excesivos. En las compañías cotizadas de Estados Unidos la partida de fondo de comercio se somete a un test anual en el que se compara con el valor justo de los activos o negocios adquiridos. Si el valor de esos activos se ha reducido, es posible que el valor justo sea menor que lo que aparece en el fondo de comercio del balance. En ese caso se incurriría en el llamado *goodwill impairment*, es decir, la compañía debe eliminar del balance ese exceso de fondo de comercio y compensarlo haciendo un cargo de igual cuantía en su cuenta de resultados.

En nuestro ejemplo anterior con Coca-Cola puede ser que la compañía por la que se han pagado $10 millones no haya alcanzado los beneficios que se esperaban de ella y que su valor justo sea ahora de $5 millones. En ese caso Coca-Cola eliminará esos $5 millones del fondo de comercio y los cargará como perdidas en la cuenta de resultados. En compañías que han pagado precios extremadamente altos por sus adquisiciones el *goodwill impairment* puede llegar a ser enorme y borrar los beneficios de varios años.

	INMOVILIZADO MATERIAL	12,000
	FONDO DE COMERCIO	16,700
→	**INMOVILIZADO INTANGIBLE**	**10,200**
	INVERSIONES A LARGO PLAZO	19,800
	ACTIVO NO CIRCULANTE TOTAL	58,700

INMOVILIZADO INTANGIBLE: Se trata de activos que no son objetos físicos. Ejemplos de ello son los intangibles por los que la empresa no ha tenido que pagar para adquirirlos de otra compañía, como las patentes propias, copyrights, nombres de marca, etc. La cantidad de intangibles varía mucho de unos sectores a otros. Uno de los sectores más afectados por la partida de inmovilizado intangible son las farmacéuticas, que dependen en gran medida de sus patentes, pero no es el único.

En general debemos comprobar si existen patentes o derechos próximos a expirar y en caso de que los haya corroborar si ese hecho provocará una pérdida en la posición competitiva de la compañía.

En el caso de las farmacéuticas la expiración de una patente puede llegar a destruir completamente la ventaja competitiva de la compañía o en el mejor de los casos reducir notablemente los ingresos si la patente en cuestión protegía a un producto importante.

INMOVILIZADO MATERIAL	12,000
FONDO DE COMERCIO	16,700
INMOVILIZADO INTANGIBLE	10,200
➔ **INVERSIONES A LARGO PLAZO**	**19,800**
ACTIVO NO CIRCULANTE TOTAL	58,700

INVERSIONES A LARGO PLAZO: En esta categoría se incluyen las acciones, bonos u otras inversiones que la empresa espera mantener en cartera durante más de un año. Se contabilizan a precio de compra, por lo que esas inversiones pueden haber subido mucho de precio pero estar anotadas aún al precio de compra original.

A veces los directivos de algunas compañías tratan de comprar cuantos más negocios mejor, tanto si son buenos como si no, simplemente por el hecho de hacer crecer la empresa y obtener sus bonus y compensaciones personales.

Esto dice mucho sobre su forma de dirigir. Al igual que un inversor individual, una empresa debe invertir en buenos negocios que le proporcionen valor en el futuro, no en negocios pésimos que tendrán que ser vendidos de nuevo en el futuro perdiendo dinero. Suele ser buena idea leerse el informe anual, para ver en qué está invirtiendo la empresa últimamente.

Activo total *(Total assets)*: Lo que es propiedad de la empresa.

INMOVILIZADO MATERIAL	12,000
FONDO DE COMERCIO	16,700
INMOVILIZADO INTANGIBLE	10,200
INVERSIONES A LARGO PLAZO	19,800
ACTIVO CIRCULANTE TOTAL	20,000
➔ **ACTIVO TOTAL**	**78,700**

ACTIVOS TOTALES: Si sumamos el valor del activo circulante y de todos los activos no circulantes obtenemos el activo total, que representa el valor de todas las propiedades y bienes que forman la empresa. Es decir, todo lo que tiene la empresa, tanto los bienes adquiridos con capital de los socios como los adquiridos con préstamos aún pendientes de pagarse.

$$ACTIVO\ TOTAL =$$

$$= ACTIVO\ CIRCULANTE + ACTIVO\ NO\ CIRCULANTE$$

Dividiendo el valor de los activos totales entre el pasivo total obtenemos la ratio de solvencia.

$$RATIO\ DE\ SOLVENCIA = \frac{ACTIVO\ TOTAL}{PASIVO\ TOTAL}$$

Esta ratio nos indica la capacidad de la empresa para hacer frente a sus deudas. Si por ejemplo una empresa tiene una ratio de 2.5 significa que cuenta con $2.5 por cada dólar de pasivos o deudas.

Los valores adecuados de la ratio de solvencia varían entre sectores, pero en general es recomendable tener una ratio de solvencia de 1.5 o superior para que la situación financiera sea buena. Valores inferiores comienzan a entrañar riesgo. Valores por debajo de 1 indican una situación de quiebra técnica.

Como norma general, a la hora de invertir lo haremos siempre en empresas con ratios de solvencia lo más altos posible. Eso nos proporcionará un margen de seguridad suficiente en caso de que la compañía afronte dificultades en el futuro.

Solamente invertiremos en negocios con ratios de solvencia inferiores a 1.5 si se trata de empresas de enorme calidad y con una ventaja competitiva duradera, de las que esperamos que se recuperen en poco tiempo.

Pasivo circulante *(Current liabilities)*: Lo que hay que pagar ya.

➜	**ACREEDORES COMERCIALES**	**3,800**
	A PAGAR	8,400
	DEUDAS CON ENTIDADES DE CRÉDITO	4,200
	PASIVO CIRCULANTE TOTAL	16,400

ACREEDORES COMERCIALES: Aquí se contabiliza el dinero que la empresa debe a sus proveedores. Si por ejemplo la compañía compra un paquete de folios y el proveedor lo envía con una factura, el importe de esa factura se contabiliza en esta partida y permanecerá en ella hasta que se efectúa el pago. Como se ha recibido la mercancía antes de pagarla, ese dinero se le debe al proveedor.

	ACREEDORES COMERCIALES	3,800
➜	**A PAGAR**	**8,400**
	DEUDAS CON ENTIDADES DE CRÉDITO	4,200
	PASIVO CIRCULANTE TOTAL	16,400

A PAGAR: En esta partida se incluyen pasivos en los que la empresa ha incurrido pero que aún no se han ejecutado, como por ejemplo salario que un empleado ha acumulado en lo que va de mes, rentas o impuestos. Si por ejemplo un operario ha trabajado 20 días y le toca cobrar el día 30, entonces el día 20 habrá generado un derecho de cobro de 2/3 de su salario. Es una cantidad que la empresa le debe al trabajador, pero que no se pagará hasta más adelante.

ACREEDORES COMERCIALES	3,800
A PAGAR	8,400
➜ **DEUDAS CON ENTIDADES DE CRÉDITO**	**4,200**
PASIVO CIRCULANTE TOTAL	16,400

DEUDAS CON ENTIDADES DE CRÉDITO: Son deudas a corto plazo, o también antiguas deudas a largo plazo que van a vencer antes de un año, como por ejemplo deudas con bancos. Debemos tener cuidado con las compañías que tengan mucha deuda, ya que si un año determinado vence una cantidad importante de deuda la empresa puede afrontar problemas considerables. Cuanta menos deuda a corto plazo mejor. Debemos comprobar siempre que el efectivo disponible, o la capacidad de generación de efectivo de la compañía, sean suficientes para satisfacer todas las deudas a corto plazo tanto presentes como futuras. En general intentaremos invertir en empresas en las que la deuda a corto plazo sea pequeña.

Además de lo anterior debemos tener un cuidado extremo especialmente con entidades del sector financiero. En circunstancias normales la deuda a corto plazo es más barata que la deuda a largo plazo. Eso significa que una empresa puede endeudarse a corto plazo a un 2% de interés y prestar ese mismo dinero a largo plazo a un 3% de interés por ejemplo, ganando así un 1% sin hacer nada. Esto es la receta para el desastre. En momentos de crisis, o en los que las circunstancias económicas son malas, la curva de tipos de interés se invierte y comienzan a ser más caras las refinanciaciones sucesivas de esa deuda a corto plazo que la que se ha prestado a largo. Cientos de empresas han quebrado a lo largo de la historia tratando de hacer dinero fácil de esta manera, mantente alejado de ellas cuando inviertas.

ACREEDORES COMERCIALES	3,800
A PAGAR	8,400
DEUDAS CON ENTIDADES DE CRÉDITO	4,200
➔ **PASIVO CIRCULANTE TOTAL**	**16,400**

PASIVO CIRCULANTE TOTAL: Es la suma de todos los conceptos anteriores, referidos a las deudas a corto plazo. Dividiendo el activo circulante entre el pasivo circulante se obtiene la ratio de liquidez, de la que ya hemos hablado.

Otra relación importante entre el activo circulante y el pasivo circulante es la que da lugar al fondo de maniobra. Este se calcula restándole al activo circulante los pasivos circulantes.

$$FONDO\ DE\ MANIOBRA =$$
$$= ACTIVO\ CIRCULANTE - PASIVO\ CIRCULANTE$$

El fondo de maniobra o *working capital* es una medida del capital del que dispone la empresa para desarrollar sus operaciones a corto plazo. Cuanto mayor sea en relación al activo total mayor capacidad tendrá la empresa para cumplir con sus obligaciones a corto plazo. Es decir, será más sólida financieramente. Si bien es cierto que un fondo de maniobra excesivamente elevado tampoco es bueno, porque implica normalmente que la compañía tiene recursos ociosos que no están contribuyendo a aumentar la rentabilidad.

Pasivo no circulante *(Noncurrent liabilities)*: Las deudas.

➔	**DEUDAS A LARGO PLAZO**	**27,000**
	INTERESES MINORITARIOS	2,100
	PASIVO NO CIRCULANTE TOTAL	29,100

DEUDAS A LARGO PLAZO: Son las deudas que la empresa debe afrontar en un plazo superior a un año. Las compañías excelentes tienen poca o ninguna deuda a largo plazo, porque generan tanto dinero que son capaces de autofinanciarse, incluso cuando se quieren expandir o cuando quieren comprar otro negocio. Lo que debemos hacer es comprobar el historial de deuda a largo plazo de los últimos 5 o 10 años y constatar que sea pequeña. Las mejores compañías deben tener una deuda a largo plazo que no supere a 4 o 5 veces el *free cash flow*. Es también recomendable que la deuda no sea superior al 60 o 70 % de los recursos propios.

Evitaremos empresas en que la deuda a largo lleve una tendencia en aumento constante y evitaremos también compañías en las que sea demasiado alta. Lo ideal es invertir en empresas sin deuda, ya que una compañía que no tiene deuda no puede quebrar. Los negocios altamente endeudados suelen tener problemas graves o pertenecer a sectores en los que existe mucha competencia. Una deuda a largo plazo excesivamente alta es veneno puro para una empresa, porque el pago de los intereses puede llegar a absorber prácticamente la totalidad de los beneficios y condenarla a tener pérdidas año tras año, hasta que finalmente no pueda soportar los intereses y quiebre.

Además, a mayor deuda mayor riesgo afrontará la compañía en momentos de crisis económicas, en las que subidas de los tipos de interés pueden hacerla quebrar. Nosotros, como inversores inteligentes, trataremos de invertir siempre en empresas que sean tan buenas que trasciendan a las crisis. Los ciclos económicos van y vienen, pero las compañías de calidad perduran incluso en los malos momentos.

Las preguntas clave que debes hacerte son: ¿Debe mucho dinero esta empresa? ¿Está el nivel de deuda poniendo en peligro la supervivencia del negocio en caso de que haya condiciones macroeconómicas negativas?

DEUDAS A LARGO PLAZO	27,000
→ **INTERESES MINORITARIOS**	**2,100**
PASIVO NO CIRCULANTE TOTAL	29,100

INTERESES MINORITARIOS: Cuando una compañía compra una gran cantidad de acciones de otra empresa, puede agregar el balance de ésta al suyo propio, mostrándolo de forma consolidada. Los intereses minoritarios representan la parte de esa compra que pertenece a socios externos y que no es propiedad de la compañía. Si por ejemplo Starbucks comprase el 90 % de las acciones de una empresa más pequeña, agregaría los activos y pasivos de ésta a su propio balance. Ese 10 % que aún no le pertenece estará representado bajo el concepto de intereses minoritarios.

Pasivo total (*Total liabilities*): Todo lo que debe la empresa.

DEUDAS A LARGO PLAZO	27,000
INTERESES MINORITARIOS	2,100
PASIVO NO CIRCULANTE TOTAL	29,100
PASIVO CIRCULANTE TOTAL	16,400
➔ **PASIVO TOTAL**	**45,500**

PASIVOS TOTALES: Se obtienen sumando el pasivo circulante y el pasivo no circulante. Dividiendo el activo total entre el pasivo total obtenemos la ratio de solvencia, como ya hemos explicado anteriormente.

Cuantos menos pasivos tenga una empresa y cuanto mayor sea la ratio de solvencia, mejor. Esto no es aplicable en sectores como el bancario, ya que como su negocio se basa en generar dinero a través de deuda, sus pasivos son extremadamente altos.

Patrimonio neto (*Equity*): Lo que se tiene, menos lo que se debe.

→ **CAPITAL** **1,700**
  PRIMA DE EMISIÓN 18,300
  RESERVAS ACUMULADAS 55,000
  ACCIONES PROPIAS EN CARTERA -42,500
  PATRIMONIO NETO TOTAL 33,200

CAPITAL: Representa el dinero que los socios de la compañía han aportado de su bolsillo para financiarla. Si por ejemplo tres socios montan una empresa a partes iguales y cada uno aporta $50,000 el capital será de $150,000. Si deciden que la propiedad de esa empresa estará representada por 3,000 acciones, cada uno será dueño de 1,000 y cada acción representará un valor de $50. A estos $50 se los conoce como valor nominal, o *par value*, e indican la cantidad a la que según los libros de contabilidad se emitieron las acciones originalmente.

Si posteriormente esas acciones se negocian pueden alcanzar precios mucho más altos o más bajos dependiendo de los acuerdos a los que se haya llegado en las operaciones de compra venta. A ese precio de mercado se le llama precio de cotización.

Si se multiplica el precio de cotización de una acción por el número de acciones en circulación se obtiene la capitalización de mercado, o *market cap*.

$$CAPITALIZACIÓN =$$

$$= PRECIO\ DE\ COTIZACIÓN\ \times N^{\underline{o}}\ DE\ ACCIONES$$

CAPITAL	1,700
➔ PRIMA DE EMISIÓN	**18,300**
RESERVAS ACUMULADAS	55,000
ACCIONES PROPIAS EN CARTERA	-42,500
PATRIMONIO NETO TOTAL	33,200

PRIMA DE EMISIÓN: Es el sobreprecio que alguien paga por una acción sobre su valor nominal. Imaginemos que la compañía del ejemplo anterior necesita dinero y sus socios se ponen de acuerdo para obtener efectivo vendiendo parte de la empresa a otras personas que quieran formar parte del negocio. Entonces deciden hacer una ampliación de capital, es decir ofrecer al público otras 1,000 acciones, por ejemplo. Si en el momento en que se emitan nuevas acciones el valor de mercado es de $150, los inversores externos estarán pagando $100 extra sobre el valor nominal. Entonces $50 se contabilizarán dentro de la partida de capital y los otros $100 que el mercado ha pagado en exceso se incluyen en la prima de emisión.

En esta partida puede cazarse fácilmente a compañías como Tesla, que estuvo durante muchos años operando en pérdidas, pero se financiaba emitiendo cada vez más acciones. Es decir, pidiéndoles dinero a los inversores para soportar las pérdidas. Prometiéndoles grandes crecimientos, mientras que el valor intrínseco de las acciones se iba diluyendo más y más según aumentaba el número de acciones en circulación.

En general si el precio de cotización está muy infravalorado es conveniente que la compañía recompre sus propias acciones. Si el precio está muy sobrevalorado es conveniente que emita más. El problema es que cuantas más acciones haya, más se diluye el valor de cada una. Si el precio al que se realiza la emisión no es lo suficientemente alto, la dilución puede destruir incluso más valor para los accionistas iniciales del que han ganado con el dinero nuevo que ha entrado.

Si las primas de emisión están aumentando mucho año tras año es mala señal, porque es una indicación casi segura de que la empresa se está sosteniendo mediante ampliaciones de capital. Suele ser el caso típico de empresas jóvenes y sin beneficios. Huye de ellas.

CAPITAL	1,700
PRIMA DE EMISIÓN	18,300
➔ **RESERVAS ACUMULADAS**	**55,000**
ACCIONES PROPIAS EN CARTERA	-42,500
PATRIMONIO NETO TOTAL	33,200

RESERVAS ACUMULADAS: Aquí se contabilizan los beneficios que la empresa ha retenido y ha acumulado a lo largo de los años gracias a la buena marcha del negocio. Si decrecen o llegan a ser negativas es momento de irse bien lejos de esa compañía. Lo que más importa en el bloque de patrimonio neto es que las reservas acumuladas crezcan de forma constante a la mayor velocidad posible, porque significará que la empresa lo está haciendo bien y está creciendo. Piensa en la empresa que estás analizando y pregúntate: ¿Se acumula o se pierde dinero año tras año?

CAPITAL	1,700
PRIMA DE EMISIÓN	18,300
RESERVAS ACUMULADAS	55,000
➔ **ACCIONES PROPIAS EN CARTERA**	**-42,500**
PATRIMONIO NETO TOTAL	33,200

ACCIONES PROPIAS EN CARTERA: Una de las cosas que puede hacer una compañía para generar valor para sus accionistas es recomprar acciones. Es decir, la empresa compra sus propias acciones en el mercado, por lo que la cantidad total disponible para el público es menor y el precio de las acciones se incrementa. La cantidad de dinero empleada para efectuar la recompra se contabiliza con un signo negativo en el balance, bajo el concepto de "acciones propias en cartera".

Las recompras de acciones son muy buenas para los intereses de los accionistas siempre y cuando se realicen cuando el precio sea menor al valor intrínseco. Lo que queremos ver es que esta partida se hace cada vez más negativa año a año, lo cual indica que la empresa está recomprando de forma constante.

Esta forma de actuar suele ser característica de empresas de gran calidad que generan gran cantidad de efectivo, como por ejemplo McDonald's o Moody's.

Sin embargo, existe un tema muy importante a tener en cuenta cuando tratamos con compañías que recompran acciones. Todas las métricas que se calculen respecto al capital estarán distorsionadas, como por ejemplo el porcentaje de deuda respecto al capital o la rentabilidad sobre el capital.

Como hemos indicado anteriormente, en compañías que recompran acciones, esas recompras se anotan en el bloque de recursos propios del balance con signo negativo. En caso de que las recompras representen una parte importante del capital, lo distorsionarán, haciéndolo parecer más pequeño de lo que es en realidad. Y por lo tanto la deuda medida respecto al capital parecerá más grande de lo que es en realidad. Si sucede esto debemos eliminar ese efecto calculando un capital corregido.

Si por ejemplo una compañía tiene un patrimonio neto de $50 millones, acciones propias en cartera por valor de -$40 millones y una deuda de $45 millones, a primera vista parece que la deuda represente el 90 % del capital:

$$RATIO_{DEUDA/CAPITAL} = \frac{\$45M}{\$50M} \times 100 = 90\,\%$$

Sin embargo si eliminamos el efecto de las recompras sumándolas al capital en lugar de restarlas el resultado es muy diferente.

$$PATRIMONIO\ NETO\ CORREGIDO =$$

$$= \$50M - (-\$40M) + \$40M = \$130M$$

$$RATIO\ CORREGIDO_{DEUDA/CAPITAL} = \frac{\$45M}{\$130M} \times 100 = 34.6\ \%$$

Como podemos ver la deuda no es tan grande como parecía en un principio.

CAPITAL	1,700
PRIMA DE EMISIÓN	18,300
RESERVAS ACUMULADAS	55,000
ACCIONES PROPIAS EN CARTERA	-42,500
➔ **PATRIMONIO NETO TOTAL**	**33,200**

PATRIMONIO NETO TOTAL o RECURSOS PROPIOS: Si sumamos todas las partidas mencionadas anteriormente se obtiene el patrimonio neto total, o *equity*. También puede obtenerse restándole los pasivos a los activos.

$$PATRIMONIO\ NETO = ACTIVO\ TOTAL - PASIVO\ TOTAL$$

En ocasiones puede que veamos que se hace referencia a al patrimonio neto utilizando simplemente la palabra genérica "capital".

El patrimonio neto representa el valor contable de la compañía, es decir, lo que vale la empresa en la contabilidad, descontando las deudas y obligaciones de pago. Pero cuidado, no debemos confundir nunca el valor contable con el valor intrínseco de una empresa, porque para nada son lo mismo.

A modo de advertencia, pudiese parecer que un patrimonio neto negativo fuese algo muy malo, pero esto no tiene que ser así necesariamente. Como hemos dicho anteriormente, el dinero empleado en recomprar acciones aparece con un signo negativo en el balance, por lo que puede distorsionar mucho la cifra de patrimonio neto. Tanto que puede incluso hacerla negativa. De hecho McDonald's tiene patrimonio negativo debido a sus constantes recompras de acciones y sin embargo es una de las mejores compañías del mundo. Lo que tenemos que hacer es corregir este efecto de la manera indicada anteriormente.

Como inversores debemos buscar siempre que el patrimonio neto corregido crezca lo más rápidamente posible de forma constante año tras año.

Por último, si dividimos el beneficio de la compañía entre el patrimonio neto, obtenemos la rentabilidad sobre el capital, o ROE por sus siglas en inglés.

$$ROE = \frac{BENEFICIO\ NETO}{PATRIMONIO\ NETO}$$

Cuanto mayor sea el ROE, más facilidad tendrá la empresa para crecer y mejor negocio será. Debemos buscar siempre ROEs altos, pero teniendo en cuenta que las compañías que recompran acciones también tienen esta cifra distorsionada. En ese caso utilizaremos el patrimonio neto corregido para calcular el ROE.

Valor de liquidación (*Liquidation value*): El dinero que rescatamos cerrando la empresa y vendiéndolo todo.

Por último, no podemos finalizar este capítulo relativo al balance sin antes mencionar el concepto de valor de liquidación y cómo obtenerlo.

La idea de valor liquidativo de una empresa hace referencia a la cantidad de dinero que se obtendría si mañana desmantelásemos toda la compañía y vendiésemos todos sus activos por separado. Si efectuásemos esta operación, jamás recibiríamos el valor registrado en el balance de la empresa, sino mucho menos, porque en el mercado las plantas y equipos se venderían mucho más baratos. Además, habría que restar todos los pasivos que tiene la empresa por el importe total que aparece en el balance.

Calcular el valor de liquidación exacto es extremadamente difícil porque hay que valorar por separado y a precio de mercado todos los inmuebles y otros activos que posee. Sin embargo, puede hacerse una aproximación de forma muy sencilla utilizando la siguiente simplificación:

PARTIDA DEL BALANCE	VALOR ASIGNADO EN LA LIQUIDACIÓN
Efectivo y equivalentes	100 %
Deudores y cuentas a cobrar	80 %
Inventarios	50 %
Plantas y equipos	15 %
Pasivos	100 %

El efectivo y equivalentes que la empresa tiene en caja se contabilizan en su totalidad, ya que no pierde valor en la liquidación.

Del dinero que se espera recibir debido a los deudores y cuentas pendientes de cobrar contabilizaremos solamente el 80 %.

De la partida de inventarios, se tendrá en cuenta sólo el 50 % del valor asignado en el balance. La reduciremos a la mitad porque gran cantidad de esos inventarios permanecerán inacabados o será imposible venderlos al precio original.

Y finalmente, contabilizaremos los edificios, las plantas y los equipos de los que es dueña la compañía, pero considerando sólo el 15 % del valor que aparece en el balance. Este tipo de activos y bienes raíces son muy ilíquidos y se necesita mucho tiempo para venderlos al precio apropiado. Lo más seguro es que durante una operación de liquidación deberían venderse a un precio realmente bajo, casi regalados.

Para terminar, como hemos dicho anteriormente, restaremos los pasivos totales tal y como aparecen en el balance.

Tras sumar todas las partidas anteriores obtendremos el valor de liquidación aproximado.

Veamos un ejemplo práctico de cómo calcular el valor de liquidación en el caso de Alphabet para su ejercicio fiscal del año 2022. Si observamos el balance de la compañía podemos ver que tiene en caja $113,762 millones de dólares en efectivo y equivalentes. Sus cuentas a cobrar son de $40,258 millones y el inventario que mantienen a cierre del ejercicio es de $2,670 millones. Además de ello la compañía posee propiedades, plantas y equipos por valor de $127,049 millones de dólares según su balance. Esta cifra ya está neta de depreciaciones. Finalmente los pasivos totales que la compañía mantenía en balance en ese año eran de $109,120 millones de dólares. Entonces podemos estimar el valor de liquidación de Alphabet directamente con el siguiente cálculo:

$$VALOR\ LIQUIDATIVO = \$113{,}762M \times 1 + \$40{,}258M \times 0.8 +$$

$$+\$2{,}670M \times 0.5 + \$127{,}049M \times 0.15 - \$109{,}120M \times 1 =$$

$$= \$57{,}241M$$

Es decir, el dinero que se obtendría liquidando Alphabet a finales del año 2022 sería de $57,241 millones aproximadamente. Si tenemos en cuenta que en ese momento la compañía tenía aproximadamente 14,000 millones de acciones en circulación, podemos obtener el valor liquidativo por acción:

$$VALOR\ LIQUIDATIVO\ POR\ ACCIÓN = \frac{\$57{,}241M}{14{,}000M} = \$4.09$$

Si observamos este valor de liquidación parece extremadamente bajo comparado con el precio al que cotiza la compañía. Sin embargo, esto no siempre sucede así. En ocasiones una acción puede llegar a estar tan castigada por el mercado que llega a unos niveles de infravaloración extrema. Haciéndola cotizar incluso a precios inferiores a su valor de liquidación.

Este tipo de acciones son precisamente lo que Benjamin Graham se centró en buscar toda su vida, también Warren Buffett en sus primeros años. Así es como nació el concepto de cazador de gangas. Se basaba en encontrar empresas regulares que se vendiesen a precios estúpidamente baratos, para luego venderlas cuando se acercasen de nuevo a su valor intrínseco. Daba igual que fuesen empresas malas o que tuviesen problemas graves. Lo único que importaba era comprarlas pagando un precio muy inferior a su valor.

Este tipo de inversión en "empresas colilla" les proporcionó a ambos rentabilidades extremadamente altas, pero más tarde la mentalidad de Buffett evolucionó. Cuando comenzó a gestionar cantidades de capital inmensas ya le resultaba imposible invertir en este tipo de ineficiencias del mercado, que sólo suelen ocurrir en empresas muy pequeñas. Al final, Buffett acuñó su famosa frase: "Es mejor invertir en empresas maravillosas a precios razonables que en empresas razonables a precios maravillosos".

Sin embargo, para un pequeño inversor que tenga el tiempo y el conocimiento suficiente para bucear en el mercado y encontrar estas ineficiencias, puede llegar a obtener rentabilidades pasmosas.

En entornos de tipos de interés muy bajos es enormemente difícil encontrar compañías que se vendan a precios inferiores a su valor de liquidación, pero de vez en cuando aparece alguna. En caso de que encuentres una, lo primero que debes asegurarte es que se encuentre en un mercado occidental, para reducir el riesgo de que hayan falsificado sus cuentas. Contacta a empleados clave y haz averiguaciones por ti mismo.

Una vez haya hecho eso, debes asegurarte de que la compañía no pierde dinero. O si lo pierde, que no lo haga tan rápido como para quemar sus activos. La empresa debe perder dinero lo suficientemente despacio como para que el valor de liquidación que has calculado no se consuma en pocos meses. Debes tener un margen de varios años para darle tiempo a la acción a que vuelva a subir.

Imaginemos una empresa que se vende a $5 y que pierde $1 al año. Si has calculado que su valor de liquidación es de $13, para cuando hayan pasado tres años la empresa aún conservará un valor de liquidación de $10. Comprar algo que vale $10 pagando $5 sigue siendo buen negocio.

Y finalmente, lo último que debemos tener en cuenta para invertir en esta clase de acciones, es que lo ideal sería invertir cantidades pequeñas en varias de ellas. Nunca invertir una cantidad grande en una única acción de este tipo, porque normalmente están pasando por problemas graves. Pero si encontrar una es difícil, encontrar dos es realmente algo fuera de lo común.

Si en algún momento de tu vida eres capaz de ver la rareza de una compañía de calidad y con una ventaja competitiva duradera que cotice a un precio cercano a su valor de liquidación, te habrá tocado la lotería. Si ves llover oro, asegúrate de que vas a recogerlo con un cubo y no con una cucharilla.

Finalmente, para terminar con este capítulo relativo al balance, puedes ver un resumen de todos los consejos que hemos visto hasta ahora para que seas capaz de seleccionar a las empresas de más calidad.

EVITAR COMBINACIÓN DE MUCHO EFECTIVO Y EMISIÓN DE NUEVAS ACCIONES	CRECIMIENTO INVENTARIO = CRECIMIENTO VENTAS
DEUDA A CORTO PLAZO PEQUEÑA	DEUDA A LARGO PLAZO < 4 VECES EL FREE CASH FLOW
CUENTAS A COBRAR <<< VENTAS	RATIO DE SOLVENCIA > 1.5
RESERVAS CRECEN DE FORMA CONSTANTE Y PREDECIBLE	RATIO DE LIQUIDEZ > 1.5
INMOVILIZADO MATERIAL PEQUEÑO	$\dfrac{\text{DEUDA TOTAL}}{\text{PATR. NETO}}$ < 0.7
PATRIMONIO NETO CORREGIDO CRECE A RITMO ALTO Y PREDECIBLE	ROE > 15%

EFECTIVO E INVERSIONES A C.P.	11,000
INVENTARIOS O EXISTENCIAS	3,200
DEUDORES Y CUENTAS A COBRAR	4,000
ANTICIPOS A PROVEEDORES	1,800
ACTIVO CIRCULANTE TOTAL	20,000

INMOVILIZADO MATERIAL	12,000
FONDO DE COMERCIO	16,700
INMOVILIZADO INTANGIBLE	10,200
INVERSIONES A LARGO PLAZO	19,800
ACTIVO NO CIRCULANTE	58,700

ACTIVO TOTAL	78,700

ACREEDORES COMERCIALES	3,800
A PAGAR	8,400
DEUDAS CON ENTIDADES DE CRÉDITO	4,200
PASIVO CIRCULANTE TOTAL	16,400

DEUDAS A LARGO PLAZO	27,000
INTERESES MINORITARIOS	2,100
PASIVO NO CIRCULANTE TOTAL	29,100

CAPITAL	1,700
PRIMA DE EMISIÓN	18,300
RESERVAS ACUMULADAS	55,700
ACCIONES PROPIAS EN CARTERA	-42,500
PATRIMONIO NETO TOTAL	33,200

PASIVO TOTAL + PATRIMONIO TOTAL	78,700

CAPÍTULO 8:

ENTENDER LOS FLUJOS DE EFECTIVO

La hoja de flujos de efectivo, o *cashflow statement* es un informe financiero que nos dice cómo se ha movido el dinero de la empresa durante un determinado período. Es decir, nos muestra la cantidad de efectivo o equivalentes que entra o sale del negocio, cómo se ha obtenido y en qué se ha utilizado.

Su ventaja principal es que ayuda al inversor a saber qué tan bien gestiona la compañía el dinero que genera, cómo paga sus deudas, cómo financia sus gastos operativos y cómo recompensa al accionista.

Hay que tener en cuenta que la variación del flujo de efectivo no es la misma que la del beneficio neto, porque la hoja de flujos de efectivo no contabiliza como ingresos conceptos que aún no han sido cobrados. Como por ejemplo las ventas realizadas que aún no han sido pagadas por el cliente. Sólo incluye el efectivo que realmente ha entrado o salido de la compañía, al contrario que la cuenta de resultados o el balance, que contabilizan todo.

Una hoja de flujos de efectivo tiene la siguiente estructura principal:

FLUJO DE CAJA DE ACT. DE EXPLOTACIÓN	8,700	A
BENEFICIO NETO	8,000	
AMORTIZACIONES	1,200	
DEPRECIACIONES	300	
PAGOS EN EFECTIVO	-75	
INGRESOS EN EFECTIVO	25	
DEPÓSITOS EN BANCOS	-250	
PAGO DE IMPUESTOS	-400	
PAGO DE INTERESES	-100	
FLUJO DE CAJA DE ACT. DE INVERSIÓN	-3,900	B
GASTOS DE CAPITAL	-2,100	B.1
OTRAS INVERSIONES	-1,800	
FLUJO DE CAJA DE ACT. DE FINANCIACIÓN	-3,100	C
PAGO DE DIVIDENDOS	-1,500	
EMISIÓN DE ACCIONES	-1,100	
EMISIÓN DE DEUDA	-500	
VARIACIÓN NETA DEL FLUJO DE CAJA	1,700	A+B+C
SALDO DE EFECTIVO AL INICIO	7,000	D
SALDO DE EFECTIVO AL CIERRE	8,700	A+B+C+D
FLUJO LIBRE DE CAJA	6,600	A+B.1

El *cashflow statement* está formado por tres bloques principales:

Los flujos de efectivo (o caja) de actividades de explotación, los flujos de efectivo de actividades de inversión y los flujos de efectivo de actividades de financiación. Veamos cada uno de ellos por separado.

Flujos de efectivo de actividades de explotación (*Cash from operating activities*)

➜ FLUJO DE CAJA DE ACT. DE EXPLOTACIÓN	8,700
BENEFICIO NETO	8,000
AMORTIZACIONES	1,200
DEPRECIACIONES	300
PAGOS EN EFECTIVO	-75
INGRESOS EN EFECTIVO	25
DEPÓSITOS EN BANCOS	-250
PAGO DE IMPUESTOS	-400
PAGO DE INTERESES	-100

Este bloque de la hoja de flujos de caja comienza con una línea en la que se muestra el beneficio neto y a partir de ahí se suman o restan las variaciones debidas a las salidas o entradas de efectivo en la empresa. Las partidas principales que pueden aparecer son las debidas a las amortizaciones, depreciaciones, pagos para aumentar inventarios, ingresos recibidos por pagos de clientes que compran a crédito, variaciones de los depósitos en entidades bancarias, pagos de impuestos y pago de intereses de la deuda.

Si echas un vistazo a la tabla anterior con los flujos de actividades de explotación, podrás ver de manera clara y directa en qué está gastando dinero la empresa. Las partidas a las que se debe prestar más atención son las de pago de intereses y las de amortizaciones y depreciaciones.

En el caso de estas últimas, recuerda que cuando una empresa tiene por ejemplo una máquina que sabe que va tener que ser sustituida cada 5 años, lo que hace es "reservar" en una cuenta una pequeña cantidad de dinero cada año, para que al final de la vida de la máquina se pueda comprar otra y sustituir la vieja. Esto se computa como un gasto en la cuenta de resultados y se descuenta del beneficio neto, pero no es un pago, porque ese dinero no sale de la empresa hasta el año en que se compre la nueva máquina. Por lo tanto, las amortizaciones y depreciaciones se vuelven a sumar al beneficio neto como una entrada positiva de dinero en la hoja de flujos de caja.

Lo primero que debemos hacer al analizar los flujos de efectivo es ver qué porcentaje representa cada partida sobre el beneficio neto, especialmente la de pagos de intereses de deuda.

BENEFICIO NETO	8,000	100 %
AMORTIZACIONES	1,200	15 %
DEPRECIACIONES	300	≈4 %
PAGOS EN EFECTIVO	-75	≈1 %
INGRESOS EN EFECTIVO	25	≈0 %
DEPÓSITOS EN BANCOS	-250	≈3 %
PAGO DE IMPUESTOS	-400	≈5 %
PAGO DE INTERESES	-100	≈1 %
	8,700	

Si la compañía paga mucho de intereses es señal de que o bien tiene mucha deuda o bien que el tipo de interés medio de su deuda es muy alto, por lo tanto es muy probable que estemos ante un negocio mediocre o perteneciente a sectores muy intensivos en capital. Debemos evitar las empresas que estén muy endeudadas, ya que aumentan el riesgo de nuestra inversión.

Una compañía muy endeudada tiene más probabilidades de quebrar en tiempos de dificultades. Además, a mayor endeudamiento más dinero de los beneficios se come el pago de los intereses, haciendo que los resultados sean cada vez más mediocres. Una empresa de calidad y con ventaja competitiva raramente se encontrará en esta situación.

La regla general a seguir en esta sección es clara: Huye de empresas cuyo pago de intereses roben gran parte de los beneficios.

Flujos de efectivo de actividades de inversión (*Cash from investing activities*)

➔	**FLUJO DE CAJA DE ACT. DE INVERSIÓN**	**-3,900**
	GASTOS DE CAPITAL	-2,100
	OTRAS INVERSIONES	-1,800

En el bloque de actividades de inversión se incluyen todas las salidas de caja debidas a la adquisición de bienes de capital o CAPEX. La palabra CAPEX procede del inglés *capital expenditures*. Es decir, gastos de capital.

Un bien de capital no es más que un activo intermedio que se utiliza para la elaboración del servicio o producto final. Se trata básicamente de nuevos equipos, maquinaria, plantas industriales, edificios, etc.

Si lo que está haciendo la empresa es desinvertir, vendiendo uno de sus activos, la operación se reflejará aquí como una entrada de efectivo. Sin embargo lo más normal es que la empresa necesite comprar equipos e instalaciones para llevar a cabo su negocio. En este caso todos esos gastos se anotarán en esta partida con signo negativo, porque son una salida de efectivo.

El dinero empleado en adquirir equipos puede variar mucho de un año para otro, por lo tanto lo mejor es comprobar los gastos de los últimos 5 o 10 años y obtener una media aritmética para conocer el gasto promedio anual.

Otra observación importante que podemos hacer aquí es comprobar si los gastos en bienes de capital son mayores o menores que las depreciaciones reportadas en las actividades de explotación. Eso nos indicará si se ha gastado más o menos de lo previsto.

No obstante, debemos ser cautelosos, ya que esta partida engloba dos tipos de gastos de capital. El CAPEX de mantenimiento y el CAPEX de crecimiento. El primer concepto se refiere al dinero que ha de gastar la compañía para mantenerse en condiciones óptimas de funcionamiento, mientras que el segundo se refiere a equipos nuevos que se compran para mejorar los procesos o para hacer crecer la compañía. Debido a esto, las empresas de mucho crecimiento suelen tener gastos en CAPEX muy altos, bastante mayores que las amortizaciones y depreciaciones.

Exceptuando el caso anterior, unos gastos en bienes de capital muy grandes son malos para la empresa. Si se mantienen excesivamente altos durante varios años pueden impactar negativamente los beneficios. Las compañías de gran calidad que estamos buscando son aquellas que no necesitan gastar mucho para mantener su competitividad.

Apple por ejemplo se gastó aproximadamente un 12 % de su beneficio neto en gastos de capital los últimos cuatro años, mientras que General Motors en ese mismo periodo se gastó entre un 213 % y un 360 %.

La pregunta del millón aquí es, si General Motors se gastó en inversiones más dinero del que ganó, ¿de dónde sacó todo el que le faltaba? Pues básicamente de la emisión de deuda en forma de bonos corporativos y la firma de nuevos créditos con entidades bancarias. Ambas son actividades que aumentan su deuda y el pago futuro de intereses. Por tanto empeorarán el negocio a largo plazo.

Como regla general, buscaremos solamente compañías que estén gastando de forma recurrente menos de un 50 % de sus beneficios en gastos de capital. Si el gasto es inferior al 25 % es señal de que podríamos estar ante una empresa de muy buena calidad.

Finalmente, dentro de este bloque también suele haber una partida para otros flujos de efectivo de las actividades de inversión, como son por ejemplo pagos por las adquisiciones de otras empresas, fusiones o activos financieros. Si una compañía está comprando a otras para crecer o si está invirtiendo en acciones o bonos se verá aquí claramente.

Flujos de efectivo de actividades de financiación (*Cash from financing activities*)

➔	**FLUJO DE CAJA DE ACT. DE FINANCIACIÓN**	**-3,100**
	PAGO DE DIVIDENDOS	-1,500
	EMISIÓN DE ACCIONES	-1,100
	EMISIÓN DE DEUDA	-500

Esta es sin duda la parte de los flujos de efectivo que más nos interesa como inversores. Dentro de las actividades de financiación existen tres conceptos principales.

El primero de ellos es la salida de efectivo debida al pago de dividendos. Cuando una compañía quiere repartir parte de los beneficios con los accionistas, puede optar por darles dinero en efectivo directamente. La directiva de la compañía elegirá la cantidad total que quiere ofrecer como dividendo y se dividirá entre el número de acciones. A cada accionista le corresponderá una cantidad fija por cada acción que tenga en su poder.

Imaginemos una compañía con 1 millón de acciones en circulación que cotizan a $10 y que ha tenido un beneficio neto de $1 millón de dólares. La directiva decide por ejemplo repartir la mitad de lo que se ha ganado. Entonces se repartirán $0.5 millones de los beneficios entre el millón de acciones en circulación, es decir $0.5 por cada acción.

El porcentaje que representa el dividendo sobre el precio de la acción se llama *dividend yield,* y la fracción de los beneficios que la compañía decide utilizar para pagar dividendos se conoce como *payout ratio.*

$$DIVIDEND\ YIELD = \frac{DIVIDENDO}{PRECIO\ POR\ ACCIÓN} \times 100 =$$

$$= \frac{\$0.5}{\$10} \times 100 = 5\%$$

$$PAYOUT\ RATIO = \frac{DIVIDENDO\ TOTAL}{BENEFICIO\ NETO} \times 100 =$$

$$= \frac{\$500,000}{\$1,000,000} \times 100 = 50\%$$

Utilizar el pago de dividendos para recompensar al accionista sólo se debe hacer cuando la empresa es ya madura y no es capaz de emplear ese dinero para crecer a un ritmo satisfactorio. En caso de que nos interese el pago de dividendos de una empresa estable elegiremos siempre las que hayan tenido un largo historial de pago de dividendos ininterrumpido y creciente. Además, el pago debe ser sostenible, por lo que el *free cash flow* debe ser suficiente para pagar sin necesidad de endeudarse.

El segundo concepto a tratar es la variación del flujo de efectivo debida a los cambios en el número de acciones en circulación.

Cuando la empresa emite nuevas acciones al público recibe dinero de los inversores y cuando hace recompras de sus propias acciones paga dinero al dueño anterior. En la hoja de flujos de efectivo las recompras de acciones aparecerán con signo negativo, porque se está gastando dinero de la compañía para comprarlas. En caso de emisiones de acciones, aparecerán con signo positivo, porque está entrando en la compañía el dinero que han pagado los inversores por hacerse con parte del negocio.

Las recompras son la mejor manera de recompensar al accionista en caso de que las acciones estén baratas o infravaloradas por el mercado. Pero en caso contrario, la directiva estará dilapidando el dinero comprando activos sobrevalorados. Como inversores trataremos de buscar siempre compañías con un largo historial de recompras de acciones de manera habitual, porque con ello el precio tenderá a aumentar mucho a largo plazo.

Pero cuidado, porque el porcentaje de acciones recompradas debe ser siempre mayor al número de acciones que se emiten para pagar a los directivos (*stock options*). Si la compañía está recomprando algunas acciones pero está dilapidando eso y más en regalar acciones a la directiva, es un muy mal negocio para el inversor. Asegúrate de que año tras año el número de acciones en circulación realmente se reduce de forma constante y a un ritmo lo más grande posible.

Finalmente, el tercer concepto que trataremos es la salida o entrada de efectivo debida a la emisión o recompra de deuda. Si una compañía emite bonos corporativos para financiarse, el público los compra, y ese dinero que pagan esos inversores para adquirirlos entra en la empresa. Aparecerá por lo tanto con un signo positivo en la hoja de flujos de efectivo. Sin embargo la empresa deberá pagar los intereses de ese bono periódicamente y cuando llegue la fecha de vencimiento deberá devolver el principal. Si en cambio la compañía recompra sus bonos en el mercado, debe pagar por su adquisición y por tanto el dinero sale. Aparecerá con un signo negativo en los flujos de efectivo.

Lo que debemos buscar principalmente en las actividades de financiación es que la empresa no esté financiando la mayoría de sus gastos a través de nuevas emisiones de bonos corporativos o de nuevas acciones. Si la compañía está emitiendo año tras año nueva deuda significa que en el futuro los pagos de intereses que deberá efectuar serán mayores y por lo tanto sus beneficios serán menores. Si emite nuevas acciones lo que estará haciendo en realidad será diluir el valor de las acciones. Cuantas más haya en circulación menor fracción de la propiedad de la empresa representa cada una.

Lo que nos interesa como inversores es que la compañía esté empleando parte de su dinero para recomprar sus propias acciones, pero solamente en los momentos en que se encuentren infravaloradas en el mercado.

De esta sección hay dos ideas clave que debes recordar siempre:

No invertir nunca en empresas jóvenes cuya principal fuente de ingresos sea ampliar capital constantemente emitiendo nuevas acciones y **no invertir nunca en compañías cuya principal fuente de ingresos sea emitir bonos de deuda corporativa.**

Variación neta del flujo de caja (*Net change in cash*)

	FLUJO DE CAJA DE ACT. DE EXPLOTACIÓN	8,700
	FLUJO DE CAJA DE ACT. DE INVERSIÓN	-3,900
	FLUJO DE CAJA DE ACT. DE FINANCIACIÓN	-3,100
➔	**VARIACIÓN NETA DEL FLUJO DE CAJA**	**1,700**

Si sumamos el valor de las variaciones del flujo de caja debido a las actividades de explotación, a las de inversión y a las de financiación, obtenemos la variación neta de los flujos de efectivo.

Como inversores buscaremos que la variación neta no sea negativa, aunque el hecho de ser negativa no tiene por qué indicar necesariamente que el negocio vaya mal. Puede deberse también a la adquisición de otro negocio por parte de la empresa. Sin embargo, si nos ceñimos a empresas con un largo historial de variación neta positiva de flujos de efectivo es muy probable que nos encontremos ante una compañía de crecimiento con enorme ventaja competitiva.

Saldo de efectivo al cierre del ejercicio (*Ending cash balance*)

	VARIACIÓN NETA DEL FLUJO DE CAJA	1,700
	SALDO DE EFECTIVO AL INICIO	7,000
➔	**SALDO DE EFECTIVO AL CIERRE**	**8,700**

Si añadimos la variación neta del flujo de caja al saldo que había en el período anterior, obtenemos el saldo neto del flujo de caja al cierre del presente ejercicio contable.

En este caso buscaremos preferiblemente que el saldo sea mayor año tras año, cuanto mayor sea el ritmo de aumento mejor.

Flujo de caja libre (*Free cash flow*)

	FLUJO DE CAJA DE ACT. DE EXPLOTACIÓN	8,700
	GASTOS DE CAPITAL	-2,100
➔	**FREE CASH FLOW**	**6,600**

En muchas ocasiones la hoja de flujos de caja incluye también el valor del flujo de efectivo libre o *free cash flow*.

Este es sin duda uno de los conceptos más importantes en nuestra vida como inversores. Su significado **es la cantidad de dinero que a la empresa le queda disponible para utilizar después de haber pagado todos sus compromisos**. Es un indicador mucho mejor que el beneficio neto para conocer la marcha de una empresa.

Si el negocio fuese de un único dueño, el *free cash flow* representaría la cantidad de dinero que realmente estaría ganando el propietario cada año. La fórmula exacta para obtenerlo es larga y compleja, pero puede calcularse de forma bastante aproximada restándole los gastos de capital (CAPEX) al flujo de efectivo de las actividades de explotación.

$$FREE\ CASH\ FLOW =$$

$$= FLUJO\ DE\ EFECTIVO\ DE\ OPERACIONES - CAPEX$$

En el ejemplo del inicio del capítulo se podría aproximar de la siguiente forma:

$$FREE\ CASH\ FLOW = \$8{,}700M - \$2{,}100M = \$6{,}600M$$

Este es sin duda el concepto al que más atención debemos prestar. Buscaremos empresas que muestren históricamente un aumento constante y sin sobresaltos del *free cash flow*, sin años muy malos y años muy buenos. Es decir, **compañías que sean predecibles.**

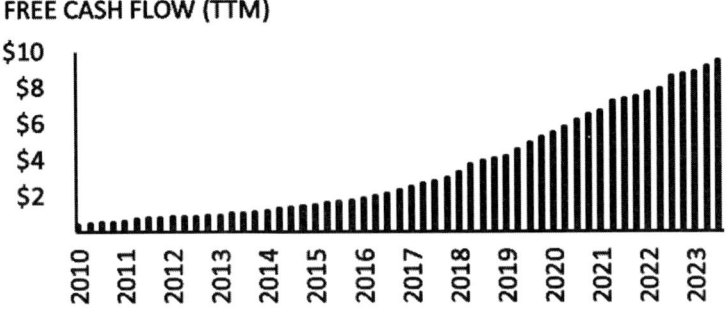

FREE CASH FLOW (TTM)

La imagen anterior es un ejemplo prácticamente perfecto de lo que buscaremos asiduamente. Una compañía con un *free cash flow* creciente y predecible durante un número suficientemente representativo de ejercicios contables. Si encuentras esto habrás encontrado oro, porque estarás ante una compañía cuyas finanzas trabajan a tu favor de forma estable y sin sobresaltos. Será un negocio con un crecimiento predecible, con una ventaja competitiva inmensa y lo mejor de todo, del cual podrás calcular su valor intrínseco de forma muy fiable.

Huye de compañías con muchos beneficios pero con *free cash flow* pequeño e inestable, o también de empresas cuyo *free cash flow* no sea suficiente para afrontar sus obligaciones de pago como compromisos de dividendos, vencimientos de deuda o intereses.

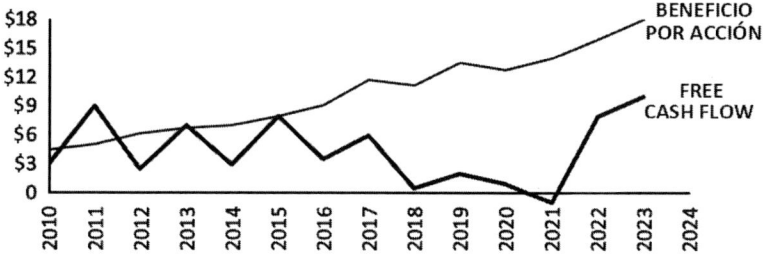

En la imagen superior puedes ver un gráfico de un beneficio neto que parece ser creciente y saludable, pero sin embargo al compararlo con el gráfico de *free cash flow* podemos comprobar que la empresa está muy lejos de crecer de forma saludable.

Para terminar, en la tabla siguiente puedes ver un resumen de las indicaciones más importantes que debes tener en cuenta en cada una de las partidas del *cashflow statement*. Cuando estudies los flujos de caja de una empresa en la que estés interesado, procura que la mayoría de indicadores que hemos visto sean favorables. Especialmente el *free cash flow*.

PEQUEÑO FRENTE A BENEFICIO NETO	EMISIÓN NETA DE NUEVAS ACCIONES < 0	VARIACIÓN NETA DEL FLUJO DE CAJA > 0
CAPEX < 50% DEL BENEFICIO NETO	EMISIÓN NETA DE NUEVA DEUDA < 0	CRECIMIENTO DEL FREE CASH FLOW ALTO Y PREDECIBLE

CAPÍTULO 9:

CÓMO SABER SI UNA EMPRESA ES RENTABLE. ROE, ROA Y ROCE

Hagámoslo simple. Imaginemos una empresa ficticia que fabrica rosquillas. Esta empresa es propiedad de Juan, un empresario de 16 años al que su madre le confió el secreto de las rosquillas perfectas. Para poner su negocio, Juan ha tenido que pagar $500 para alquilar un puesto de venta los fines de semana, $200 para comprarse una cocina portátil, $200 para ingredientes y $100 más para otros gastos. En total, montar su empresa le ha costado $1,000.

Alquiler	$500
Cocina	$200
Ingredientes	$200
Otros gastos	$100
TOTAL	$1,000

El primer año es un éxito rotundo; sus beneficios han ascendido a $500.

Tras ver esas jugosas ganancias, Pedro, que es el hermano de Juan, decide hacer lo mismo y montar una empresa de rosquillas él también. El problema es que comprar todo lo necesario le ha salido un poco más caro. Entre que ha ido a un supermercado más caro a por los ingredientes y que la cocina subió de precio, se ha gastado $1,250 en total para poder crear su negocio.

Alquiler	$500
Cocina	$350
Ingredientes	$300
Otros gastos	$100
TOTAL	$1,250

Por suerte, su compañía también es un éxito y al igual que su hermano gana ese año $500.

La gran pregunta aquí es: ¿qué empresa es mejor?

	Dinero total invertido	Beneficios
Empresa de Juan	$1,000	$500
Empresa de Pedro	$1,250	$500

Teniendo en cuenta que las dos son casi idénticas y que la única diferencia entre ellas son sus gastos, si dividimos los $500 que ha ganado Juan entre los $1,000 que ha invertido, obtenemos una rentabilidad anual del 50 %.

$$RENTABILIDAD\ JUAN =$$

$$= \frac{BENEFICIOS}{DINERO\ TOT.INVERTIDO} \times 100 = \frac{\$500}{\$1,000} \times 100 = 50\,\%$$

Por otro lado, si dividimos los $500 ganados por Pedro entre los $1,250 que ha invertido, vemos que obtiene un 40 % de rentabilidad al año.

$$RENTABILIDAD\ PEDRO =$$

$$= \frac{BENEFICIOS}{DINERO\ TOT.INVERTIDO} \times 100 = \frac{\$500}{\$1,250} \times 100 = 40\,\%$$

La respuesta a la pregunta inicial es bastante obvia. La mejor empresa es la que necesita menos capital para ganar lo mismo, es decir, la que tiene mayor rentabilidad.

Si ambos decidieran duplicar el tamaño sus negocios para poder ganar el doble ($1,000 al año) Juan habría necesitado invertir un total de $2,000 en su empresa, mientras que la de Pedro habría costado $2,500. Suponiendo que todos los gastos aumentasen linealmente. Por lo tanto, a la empresa de Pedro, que tiene menos rentabilidad, le resulta mucho más difícil crecer, porque necesita invertir más dinero en activos para poder ganar lo mismo.

Fijémonos ahora en Juan. Si de los $500 que ha ganado se quedase sólo con $100 en efectivo como dividendos y los otros $400 los reinvirtiese en su empresa, esos $400 crecerían al mismo ritmo que la rentabilidad de la compañía. Aunque esos $400 no estén físicamente en el bolsillo de Juan, siguen siendo suyos y están haciendo que su empresa crezca. El dinero que ha reinvertido más los activos iniciales crecen a un 50 % anual, haciéndolo más rico a largo plazo que si se guardase todo ese dinero en el bolsillo.

La idea clave aquí es que, a mayor rentabilidad, más valor puede generar la empresa y más posibilidad de crecimiento tiene. Invertiremos siempre en compañías con la mayor rentabilidad posible. Veamos ahora tres formas de medir la rentabilidad:

Rentabilidad sobre el capital, o ROE (*Return on equity*)

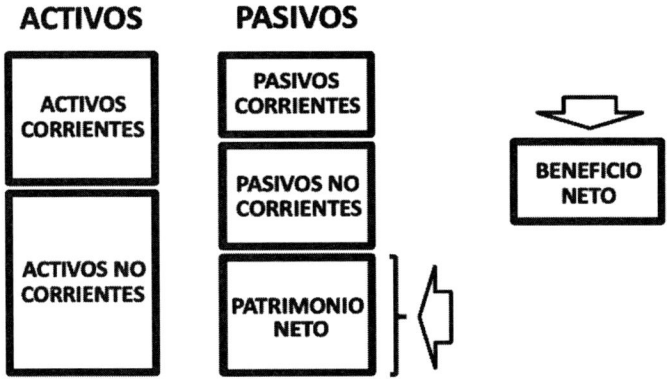

Para obtenerla dividimos el beneficio neto entre los recursos propios de la empresa. Esto nos muestra el beneficio de la compañía en relación al capital propiedad de los socios. Es decir, el porcentaje que representa lo que han ganado, en relación al valor contable de la empresa.

$$ROE = \frac{BENEFICIO\ NETO}{PATRIMONIO\ NETO} \times 100$$

Si estuviésemos ante una empresa que muestra en el balance unos recursos propios de $500 millones y cuyo beneficio neto el último año ha sido de $100 millones, entonces su rentabilidad sobre el capital sería del 20 %.

$$ROE = \frac{\$100M}{\$500M} \times 100 = 20\ \%$$

Las mejores empresas para invertir a largo plazo son las que tienen ROE superiores al 15 o 20 % de forma recurrente, porque serán las que más crecerán.

Sin embargo, recuerda que las compañías que recompran acciones pueden tener este indicador distorsionado al alza de forma artificial. Si las acciones recompradas representan una fracción importante del capital, calcula el ROE utilizando el capital corregido de la forma que se ha indicado en capítulos anteriores.

Rentabilidad sobre activos, o ROA (*Return on assets*)

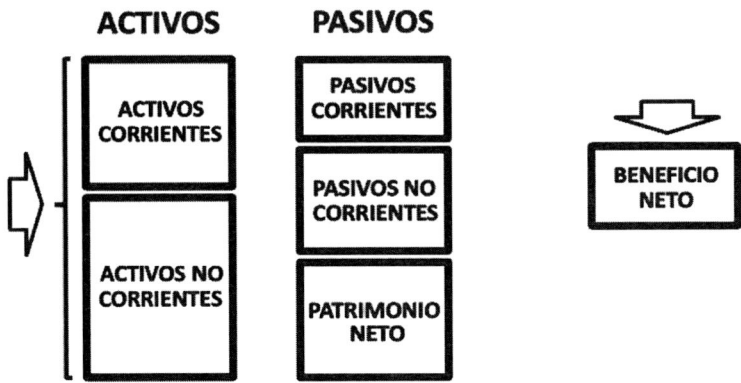

Para calcularla dividimos el beneficio neto entre los activos totales de la empresa. Este indicador nos da información sobre cuánto gana la empresa en un año en relación al valor de todas sus propiedades, incluidas las compradas con deudas que aún están pendientes de pagarse.

$$ROA = \frac{BENEFICIO\ NETO}{ACTIVOS\ TOTALES} \times 100$$

Si estuviésemos ante una empresa que muestra en el balance unos activos totales de \$1,000 millones y cuyo beneficio neto el último año ha sido de $100 millones, su rentabilidad sobre activos sería del 10 %.

$$ROA = \frac{\$100M}{\$1,000M} \times 100 = 10\,\%$$

Las mejores empresas son las que tienen ROA superiores al 10 % de forma recurrente. Si es inferior suele tratarse de negocios muy intensivos en capital que necesitan mucha maquinaria para producir, o bien sectores con mucha competencia en los que es difícil diferenciarse y cobrar precios más altos que el resto de competidores.

Rentabilidad sobre el capital empleado, o ROCE (*Return on capital employed*)

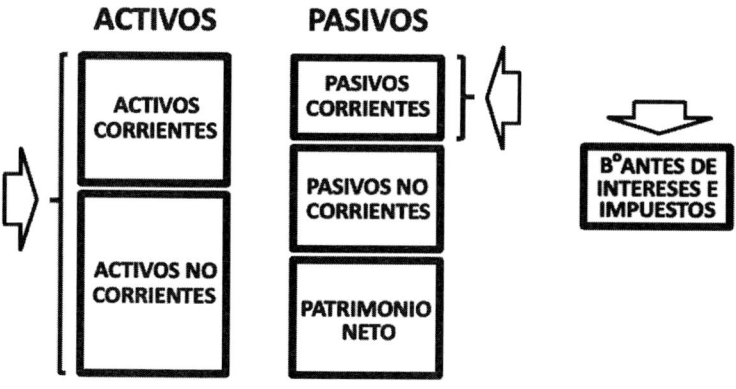

Una forma de calcularla es dividiendo el beneficio antes de impuestos e intereses entre los activos de la empresa menos el pasivo circulante. Nótese que en esta ocasión utilizamos el EBIT en vez del beneficio neto.

$$ROCE = \frac{EBIT}{ACTIVOS\ TOTALES - PASIVO\ CIRCULANTE} \times 100$$

Si estuviésemos ante una empresa que muestra en el balance unos activos totales de $1,000 millones, un pasivo circulante de $200 millones y cuyo beneficio antes de impuestos e intereses ha sido de $150 millones el último año, entonces su rentabilidad sobre el capital empleado sería del 18.75 %.

$$ROCE = \frac{\$150M}{\$1,000M - \$200M} \times 100 = 18.75\ \%$$

Este es quizás el mejor indicador, ya que permite comparar compañías que trabajan con diferentes niveles de impuestos. Además tiene en cuenta cómo de eficiente es la empresa sacándole partido a su deuda. Intentaremos invertir preferiblemente en negocios con ROCE superiores al 20 % de forma recurrente como norma general.

Cuando invirtamos en un negocio, es recomendable apostar por los que tienen la mayor rentabilidad del sector. Cuanta más rentabilidad tenga una empresa, mejor. Pero es importante tener en cuenta que cada sector tiene sus rentabilidades características, dependiendo de la naturaleza del negocio y de la cantidad de activos que necesitan para generar un beneficio.

Las empresas energéticas o de petróleos por ejemplo suelen tener rentabilidades bajas, porque necesitan mucha infraestructura para producir. Lo mismo sucede con las empresas automovilísticas, las cuales necesitan fábricas grandes y caras, además de operar en un mercado con mucha competencia y con márgenes reducidos. Las compañías tecnológicas suelen tener rentabilidades mayores, especialmente las relacionadas con el software.

En general, cualquier empresa que necesite poca infraestructura y pocos gastos suele tener rentabilidades altas. Por ejemplo Booking Holdings, cuyo modelo de negocio se basa en gestionar reservas hoteleras y llevarse una comisión por ello, para lo cual necesitan escasos recursos.

Recuerda, cuando elijas empresas para invertir a largo plazo, haz que uno de tus principales criterios de selección sea la existencia de un historial constante de rentabilidades altas a lo largo de los años. Con ello estarás probablemente seleccionando compañías de calidad y con mucha facilidad para crecer a largo plazo.

Sin embargo, esto no significa que en un momento dado no puedas invertir en compañías de sectores con bajas rentabilidades, si en ese momento el precio al que las ofrece el mercado está extremadamente infravalorado respecto al valor intrínseco de la empresa.

No se debe elegir nunca una compañía atendiendo únicamente a su rentabilidad actual. Invertir en una empresa sobrevalorada con un precio muy alto o en una que tenga un balance frágil pueden hacernos perder mucho dinero incluso si sus rentabilidades son altas.

BLOQUE IV:

¿CÓMO OPERAR Y GESTIONAR MI CARTERA?

CAPÍTULO 10:

CUÁNDO VENDER LAS ACCIONES

Vamos a hacerlo simple. Por regla general, **el momento de vender una buena acción es NUNCA.** Debes meterte esto en la cabeza: si no estás dispuesto a tener una acción durante 10 años, ni siquiera pienses en tenerla durante 10 minutos.

De la misma forma que si tuviésemos un negocio propio que nos proporcionase dinero, no lo venderíamos a las primeras de cambio, cuando tenemos una acción, lo que somos realmente es dueños de una parte de ese negocio. Como inversores inteligentes, **debemos buscar siempre la compra de acciones de negocios excelentes que sean superiores a la media. Empresas que sean tan sólidas y tengan una ventaja competitiva tan grande que incluso un imbécil pudiese dirigirlas. Empresas que trasciendan a las crisis y a los ciclos económicos.**

En palabras de Warren Buffett, su período favorito de tenencia de una acción es para siempre. Y lo ha demostrado con creces, ya que algunas de las mayores posiciones de su cartera las ha mantenido desde hace más de 30 o 40 años.

La razón de ello es muy sencilla, cada vez que vendes una acción que se ha revalorizado debes pagar impuestos. Es decir, estás invitando a un funcionario de la agencia tributaria de tu país a que meta la mano en tu bolsillo. Un inversor inteligente debe siempre tener un horizonte de inversión a muy largo plazo. **Tus ganancias serán siempre mayores cuantas menos operaciones hagas.**

Supongamos que compras cierta acción que no para de subir y la mantienes durante diez años. Si la tasa de impuestos sobre las ganancias de capital de tu país fuese del 25 % por ejemplo, el hecho de no venderla sería equivalente a estar tomando prestado un crédito del Gobierno equivalente a la cuarta parte de tu capital total. ¡A interés cero, sin fecha de vencimiento y sin pagos mensuales! Ningún banco te ofrecerá esas condiciones, así que no las desaproveches y compra sólo acciones que puedas mantener durante mucho tiempo.

Pongamos como ejemplo el caso de Tencent, el coloso tecnológico chino. A mediados de noviembre de 2020 cotizaba a HK$ 573, pero en el año 2013 estaba a HK$ 50 (HK$ = dólar hongkonés).

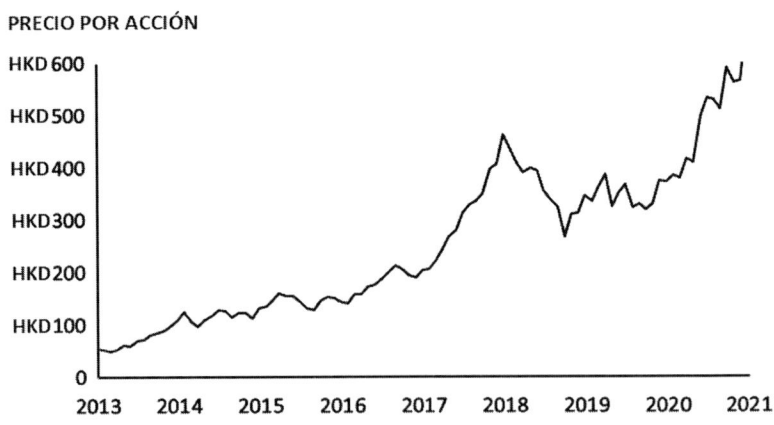

PRECIO POR ACCIÓN

Imagina que tienes HK$ 1,000 para invertir y compras la acción en ese año a un precio de HK$ 50. Luego dejas pasar los meses y cuando llega enero de 2014 la cotización alcanza HK$ 100. Los fundamentales y las perspectivas de la compañía siguen siendo igual de buenos, pero tú has duplicado tu inversión y piensas que es hora de vender tus 20 acciones. Crees que es mejor no arriesgar más y recoger beneficios. Además, 100 es un número muy redondo y tienes miedo que otra gente tenga preparadas órdenes de venta en ese nivel.

Vendes a HK$ 100 pensando que has hecho un gran trabajo y que esto de la inversión se te da de miedo. Debes pagar HK$ 250 de impuestos por las ganancias y tú te quedas en total con HK$ 1,750. Supongamos por ahora una tasa impositiva del 25 % y que no hay otros gastos de operación.

$$IMPUESTOS\ A\ PAGAR =$$
$$= (INGRESOS - COSTE) \times TASA\ IMPOSITIVA =$$
$$= (HK\$\,2,000 - HK\$\,1,000) \times 0.25 = HK\$\,250$$

Pasan los meses y ves que Tencent sigue subiendo, en junio de 2016 la acción ha alcanzado HK$ 175 y se encuentra en un rally alcista. Crees que es momento para aprovecharse de la tendencia porque has analizado el gráfico y todas esas argucias que enseñan en análisis técnico. Utilizas los HK$ 1,750 que habías ganado para comprar de nuevo 10 acciones a HK$ 175 cada una.

Los meses pasan y el mercado alcista se alarga tanto que parece que no va a terminar nunca. Te crees ya un maestro en estas lides, pero de repente llega febrero de 2018 y cuando estabas a punto de comprarte un yate con tu tarjeta de crédito la cotización se desploma.

En agosto ha perdido ya un 20 % desde máximos, así que decides vender a HK$ 375 para evitar pérdidas mayores. De los HK$ 3,750 que valen ahora tus acciones tienes que pagar HK$ 500 de impuestos, así que te quedas con HK$ 3,250.

$$IMPUESTOS\ A\ PAGAR =$$
$$= (INGRESOS - COSTE) \times TASA\ IMPOSITIVA =$$
$$= (HK\$\ 3,750 - HK\$\ 1,750) \times 0.25 = HK\$\ 500$$

Durante los meses siguientes la acción sigue cayendo y después de eso hay una época de alta volatilidad. En marzo de 2020 una pandemia mundial hace que la cotización caiga de nuevo, así que ves tu oportunidad para entrar. Compras 9 acciones a HK$ 361 y tras eso te beneficias de la recuperación económica china, pasando a valer HK$ 573 cada acción en noviembre de 2020. Es decir, en ese momento tendrías acciones con un valor de mercado de HK$ 5,157 (siempre y cuando no vendas para que la agencia tributaria se lleve su parte de nuevo).

Y ahora dime, ¿no habría sido más sencillo sentarte y no hacer nada desde 2013? La subida desde los HK$ 50 hasta los HK$ 573 habría elevado el valor de tus veinte acciones iniciales desde los

HK$ 1,000 iniciales hasta HK$ 11,460. Es decir, habrías ganado más del doble sin hacer nada, ya que no te habrías perdido períodos de subida ni le habrías tenido que pagar su parte al Gobierno. Todo ello más sencillo y con menos preocupaciones.

Como ves, cuando eres propietario de un negocio maravilloso hay muy pocas razones para vender y una decisión de venta no debería tomarse a la ligera. Pero ten claro que este criterio sólo funciona con acciones de calidad, que son las que debes enfocarte en adquirir. Y sólo a modo de recordatorio, una acción de calidad no es la que está de moda en el mercado en ese momento, ni tampoco la de esa empresa que va a cambiar el mundo con acciones a PER 100.

Aun así, existen tres supuestos específicos en los que sí es inteligente deshacerte las acciones.

El primer supuesto de venta es cuando hay algo mejor para comprar. En ocasiones puede darse el caso de que se presente una oportunidad muy buena o uno de esos momentos en los que el mercado hace llover oro. Entonces, **el primer caso en que es inteligente vender acciones es si necesitas el dinero para invertir en una compañía mejor o a un mejor precio.** Sin embargo, debemos estar seguros de que la nueva idea de inversión es realmente mejor que la que ya tenemos.

La regla que John Templeton utilizaba para decidir si estamos ante una inversión mejor, consiste en vender sólo si esperas que la nueva compañía pueda proporcionarte un retorno un 50 % mejor que el de la acción que ya tienes en cartera. Veremos un ejemplo de cómo aplicarla de forma práctica en capítulos posteriores.

El segundo supuesto de venta es cuando la empresa pierde su ventaja competitiva. Siempre ha habido negocios que en su momento tuvieron cierta ventaja competitiva, pero que con el tiempo se deterioraron, quizás debido a la entrada de nuevos competidores o a la pérdida de las características que hacían diferente a la empresa. Una señal de venta también puede ser un suceso puntual que produzca un deterioro duradero de los ingresos futuros o un deterioro permanente de los fundamentales de la empresa.

Un ejemplo reciente de esto es la venta de las aerolíneas de las que era propietario Warren Buffett antes de la pandemia de 2020. Se da la casualidad de que precisamente Buffett había aumentado su posición en las aerolíneas un mes antes del suceso crítico. Tras comprobar que el daño del sector iba a ser duradero, aceptó su error y las vendió, ya que su futuro se volvió impredecible. Es una buena costumbre monitorear periódicamente todas las acciones de nuestra cartera y preguntarnos si actualmente las volveríamos a comprar al mismo precio. Si no las comprarías a día de hoy al precio original, puede que no sea buena idea conservarlas, ya que sólo debes tener en cartera a las mejores.

Finalmente, el tercer supuesto de venta es cuando el precio sube demasiado. Durante los períodos de burbujas del mercado, o en momentos en los que los inversores ponen de moda cierta acción, es posible que incluso en las mejores compañías el precio de mercado suba muy por encima del valor intrínseco. Cuando un mercado alcista lleve nuestras acciones a múltiplos excesivamente altos, que se alejen de lo razonable, será el momento de vender.

Una señal para la venta es cuando la ratio PER se acerca o supera los valores máximos históricos. Ver ratios PER superiores a 40 o 50 también es una señal de alarma que debe hacernos comenzar a plantear la venta. Recordemos que la idea principal de la inversión es vender cuando el precio de las acciones supera su valor intrínseco y comprar o mantener cuando su precio de mercado es inferior al valor intrínseco.

Lógicamente, cuanta más calidad o crecimiento tenga una acción más podremos esperar antes de vender. Si la acción es de mucha calidad y ya tenemos muchas ganancias acumuladas, debemos razonar con números si nos compensa realizar la venta y el consiguiente pago de impuestos, o si por el contrario es mejor mantener y soportar una posible caída futura o un mercado lateral debido a la sobrevaloración. Todo dependerá de si en ese momento hay otras oportunidades mejores en el mercado donde colocar nuestro capital.

En compañías de calidad que además tengan crecimiento, suele ser mala idea vender aunque el precio este algo sobrevalorado, porque en uno o dos años el crecimiento puede eliminar por completo la sobrevaloración. En esos casos es mejor esperar a que la acción cotice a precios escandalosamente sobrevalorados antes de vender. Para todo el resto de acciones de calidades regulares y crecimientos regulares, se debe vender tan pronto como las ratios comienzan a alcanzar zonas de máximos, sin esperar demasiado.

CAPÍTULO 11:

CÓMO DIVERSIFICAR CORRECTAMENTE

En este capítulo vamos a aprender a crear una cartera de acciones de forma correcta y cómo decidir cuándo reducir o cuándo aumentar el peso de cada una. Aunque te advierto que lo que vas a ver aquí no tiene nada que ver con lo que te han repetido una y otra vez la mayoría de gurús de la bolsa o asesores financieros.

Lo primero que te tiene que quedar claro es que la volatilidad no es lo mismo que el riesgo, como hemos visto en capítulos precedentes. El hecho de que el precio de una acción caiga una barbaridad en un determinado momento no la hace más arriesgada, sino menos. Cuanto más sobrevalorado está un activo y cuanto mayor sea el precio que pagas por él, mayor es el riesgo. Comprar por ejemplo acciones tecnológicas con ratios PER superiores a 50 o 60 en el punto álgido de una burbuja es arriesgado, comprarlas después de que hayan caído un 75 % es una ganga.

En la imagen siguiente puedes ver a la izquierda el precio de una acción extremadamente volátil, pero que crece sin parar de forma segura debido a sus fundamentales sólidos. A la derecha puedes observar el precio de una acción con una volatilidad bajísima, que crecía a base de deuda y que finalmente colapsó durante las vacas flacas de una crisis financiera grave.

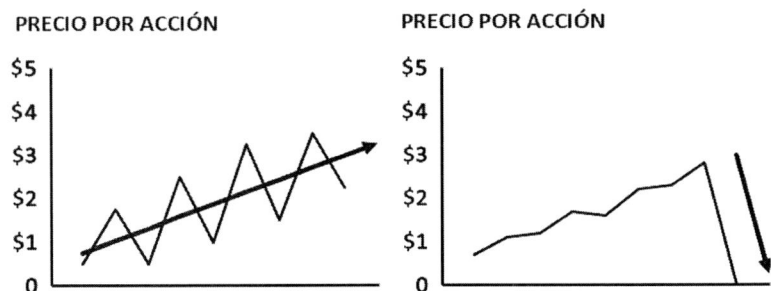

El verdadero riesgo aparece cuando no sabemos lo que estamos haciendo, cuando compramos activos sobrevalorados, o cosas que no entendemos. O también cuando compramos una acción sin ni siquiera haber leído por nosotros mismos su balance. La ignorancia y el hecho de no entender un negocio es lo que realmente aumenta el riesgo y nos puede hacer perder dinero de forma permanente.

Lo segundo que tienes que tener claro para gestionar una cartera es que añadir 30 acciones prácticamente al azar no hace que tu *portfolio* esté diversificado. Eso es más bien señal de que no has comprado más que basura. Peter Lynch llamaba a esto "diempeorar". Haciendo el juego de palabras entre diversificar y empeorar, porque lo único que consigues aumentando el número de acciones al azar es aumentar tu ignorancia sobre cada una de ellas. Lo que haces es reducir tu rentabilidad y aumentar el riesgo real.

¿QUÉ SABES DE ABBV?

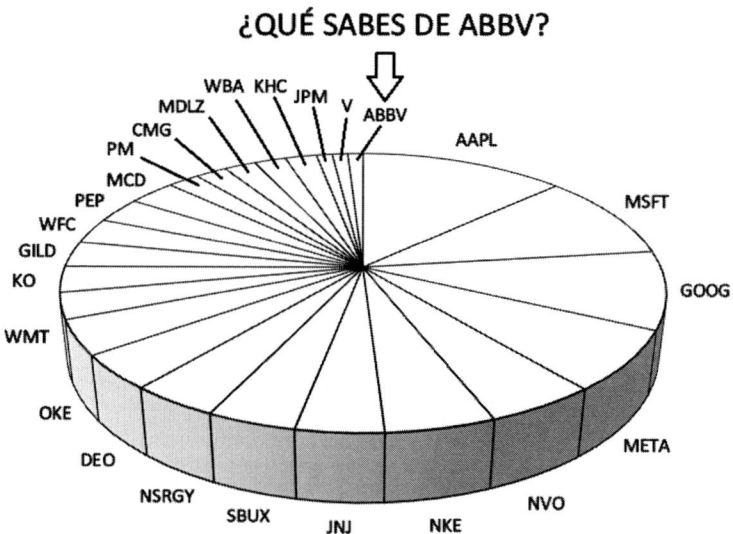

Este es el motivo por el que la mayoría de la gente no es capaz de batir al mercado. ¿Crees que es inteligente añadir más dinero a la acción número 31 en lugar de a la primera? Poca gente se ha hecho rica invirtiendo en su séptima o décima mejor idea. Pero muchos sí se han hecho ricos invirtiendo mucho en una única idea que se presentó en el momento apropiado. La mayoría te llamarán loco si tienes sólo 3 buenas acciones en cartera, pero nadie llama loco a un individuo que se endeuda hasta las cejas para montar un negocio familiar. Ese individuo sólo tiene una empresa en cartera y nadie le llama loco, pero la conoce bien, sabe todos sus entresijos.

Los mejores inversores en valor del mundo como Warren Buffett, Peter Lynch, Charlie Munger, o Mohnish Pabrai siempre han defendido que la diversificación está bien para alguien que no sabe lo que está haciendo. En este caso ese inversor debe realizar una diversificación extrema, preferiblemente invirtiendo en un índice como el S&P 500. Pero si eres un inversor experto que sabe lo que está haciendo, diversificar el exceso es un gran error. Es tu labor decidir cómo de experto eres y por lo tanto cuánto debes diversificar.

Las acciones no son boletos de lotería; representan un trozo de la propiedad de una empresa. Como tal, debes conocerla como si se tratase de tu negocio familiar. Y para poder conocerla no sirve con que veas vídeos en Youtube ni análisis realizados por otras personas en webs de finanzas. Debes leer y saber interpretar los estados financieros de la compañía, tal y como se explica en este libro. Entre el informe anual de una empresa americana típica más los de su competencia cercana tienen alrededor de 1,000 páginas de texto. Bien, señor con 30 acciones en cartera, ¿te has leído esas 30,000 páginas antes de comprarte las acciones o sólo le dabas *click* al botón de compra mientras te zampabas una hamburguesa?

Es de suma importancia que te olvides del famoso dicho sobre evitar poner todos los huevos en la misma cesta. Lo que tienes que hacer es poner los mejores huevos en esa cesta y luego vigilar la cesta. Si no sabes qué huevos son los buenos, entonces no estás preparado para invertir. Lee y aprende primero, antes de arriesgar tu dinero. Si no sabes lo que estás haciendo perderás dinero, tanto si diversificas como si no.

Una vez dicho esto, es hora de que veamos las reglas a seguir para gestionar un *portfolio* correctamente, las cuales son extremadamente simples:

1) INVERTIR SIEMPRE EN LO MÁS RENTABLE

Lo primero que tienes que hacer es analizar y valorar la mayor cantidad de empresas que puedas. Espera el momento apropiado en que se presente una buena oportunidad, que te ofrezca una rentabilidad anualizada del 15-20 % como mínimo. Si no encuentras nada no inviertas en nada. Si solamente eres capaz de encontrar una acción adecuada invierte sólo en ella. Da igual que sólo tengas una acción en cartera, siempre y cuando la conozcas como si fuera la palma de tu mano y que no represente una parte extremadamente alta de tu riqueza personal. Ni se te ocurra poner dinero en nada que no sea al menos igual de bueno que esta acción. Simplemente recuerda, debes invertir lo máximo posible en la acción que ofrezca más rentabilidad, pero no tanto como para quedarte fuera del juego si te equivocas. Hablaremos de esto más tarde.

2) DIVERSIFICA SI ES POSIBLE

Si eres capaz de encontrar 10 acciones igual de buenas que la primera y que te proporcionen al menos la misma rentabilidad, invierte en todas ellas. Pero nunca inviertas en nada peor que la mejor de tus inversiones, o tirarás tu coste de oportunidad a la basura. En la práctica la rentabilidad anualizada esperada de todas ellas nunca será exactamente igual, pero está bien si una te ofrece por ejemplo un 20 %, otras dos un 18 %, otra un 21 % y así sucesivamente. Pero jamás debe haber ninguna acción mucho peor que la mejor de las que tengas en tu cartera. Si tu mejor acción es la que te va a generar un 21 % y luego viene un amigo y te ofrece un buen negocio que te generará un 12 % anual, debes rechazarlo aunque sea bueno, porque no es tan bueno como lo que ya tienes. Si posees más efectivo disponible, compra acciones nuevas sólo si su rentabilidad es parecida a tu mejor inversión, en caso contrario compra más de las que ya tienes.

3) VENDE LO CARO Y COMPRA LO BARATO

Con el tiempo algunas de las acciones que ya tienes en cartera subirán rápidamente de precio y por lo tanto su rentabilidad futura se reducirá. Otras caerán, o seguirán cayendo después de que las hayas comprado y por lo tanto la rentabilidad de comprar a ese nuevo precio aumentará mucho. Lo que tienes que hacer es vender progresivamente las que se encarezcan para comprar progresivamente las que se abaraten. El objetivo es no tener nunca acciones sobrevaloradas en cartera, deben estar siempre lo más infravaloradas posible.

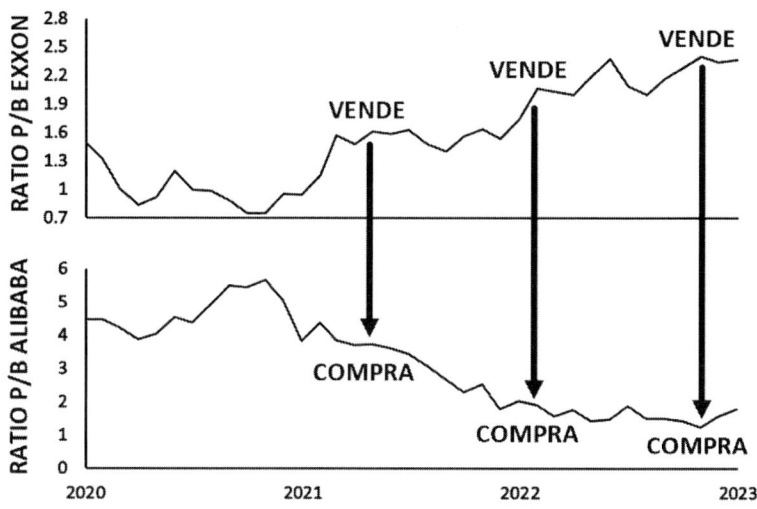

Para saber cuándo vender algo que ya tienes para comprar otra cosa aplica la regla de John Templeton, es decir, vender solamente cuando encuentres algo que sea como mínimo un 50 % mejor.

Supongamos dos empresas de nuestra cartera, A y B que inicialmente tenían el mismo valor intrínseco, igual a $100 por acción. Imaginemos que el precio de la compañía A es de $50. Por sí misma es una buena inversión porque aún tiene mucho margen de mejora hasta que el precio alcance el valor intrínseco. La empresa B tiene actualmente un precio de $45 por acción y por lo tanto está más barata que A.

	EMPRESA A	EMPRESA B
VALOR	$100	$100
PRECIO	$50	$45

¿Qué haríamos? ¿Venderíamos A para comprar B?

$$RENTABILIDAD\ A = \frac{\$100 - \$50}{\$50} \times 100 = 100\ \%$$

$$RENTABILIDAD\ B = \frac{\$100 - \$45}{\$45} \times 100 = 122\ \%$$

La empresa A nos ofrece una posible rentabilidad total del 100 %, mientras que B nos ofrece un 122 %. La rentabilidad de la empresa B es un 22 % mejor que la de A. Entonces en este caso no venderíamos A para comprar más de B.

Si el precio de B bajase a $35, su rentabilidad sería del 185 %, la cual es un 85 % mejor que la de la empresa A:

	EMPRESA A	EMPRESA B
VALOR	$100	$100
PRECIO	$50	$35

$$RENTABILIDAD\ B = \frac{\$100 - \$35}{\$35} \times 100 = 185\ \%$$

En esta ocasión sí deberíamos vender nuestras viejas acciones de A para invertir en la nueva oportunidad que se nos presenta con B y que ofrece mejores perspectivas económicas.

Esas son las tres reglas a seguir para gestionar una cartera de forma inteligente. Pero te advierto que para invertir de esta forma debes conocer realmente las acciones que estás comprando. No vale con que un amigo te diga en el autobús que una acción va a subir, ni que se lo escuches a un *youtuber* financiero. Cuando compras una acción debes conocerla como si fuese tu negocio particular. Igual que si fuese tu zapatería familiar o el bar de tus padres. Debes conocer el negocio en profundidad, saber cómo gana dinero, sus perspectivas y sus riesgos empresariales. Y sobre todo, debes saber interpretar los estados financieros, haberte leído y entendido en profundidad el balance, la cuenta de resultados, las hojas de flujos de efectivo y los informes anuales completos de la empresa en cuestión y también los de la competencia.

Si has hecho eso y sigues convencido de que la empresa que te gusta es una ganga al precio de mercado actual, entonces puedes comprarla sin miedo aunque sólo tengas acciones de esa compañía en cartera. Pero debes estar tan convencido de tus cálculos que ni siquiera Warren Buffett pudiese hacerte cambiar de opinión.

Si no te ves capacitado para hacer todo lo dicho, o si no tienes el temperamento adecuado para defender que sigues teniendo razón cuando tu acción haya caído un 80 %, ni siquiera se te ocurra invertir en acciones individuales o tratar de decidir cuándo aumentar o reducir su peso en cartera. Compra una selección de 20 *blue chips* de diversos países o un fondo índice y añade más dinero periódicamente siguiendo una estrategia de *dollar cost average* sin venderlas nunca.

Finalmente, la última cuestión que tocaremos es cuánto peso darle a cada acción en nuestra cartera. Si recordamos nuestra primera regla, era invertir lo máximo posible en la acción que ofrezca más rentabilidad, pero con un cierto límite que nos proteja de perder toda nuestra riqueza. La pregunta aquí es, ¿cuál es ese límite? ¿Cuánto debemos invertir como máximo en una sola acción?

¿CUÁNTO INVERTIR COMO MÁXIMO EN UNA SOLA ACCIÓN?

Aunque sepamos lo que estamos haciendo, en la inversión no todo es blanco o negro, todo se basa en la probabilidad de que sucedan los escenarios que hemos previsto. Pero podemos equivocarnos.

La regla para maximizar nuestros retornos a largo plazo se transforma por lo tanto en **concentrar nuestro *portfolio* con nuestras mejores ideas, pero de tal manera que si nos equivocamos no perdamos todo** quedándonos fuera del juego permanentemente.

Para solucionar eso, existe una herramienta matemática que nos dice cuánto es el máximo porcentaje de nuestro *portfolio* que debemos invertir en una acción. Se trata de la "fórmula de Kelly", la cual nos ofrece un límite, o más bien un punto que optimiza el retorno. Es decir si fuésemos a apostar nuestro dinero repetidamente en algo en lo que hay cierta posibilidad de perderlo todo, nos dice cuál es el tamaño de la apuesta de debemos realizar cada vez para obtener el mayor retorno posible, teniendo en cuenta también las veces en que nos equivocamos.

La fórmula de Kelly es muy sencilla para los casos en los que sólo hay dos escenarios posibles, uno de perderlo todo y otro de multiplicar por cierta cantidad nuestro dinero. Su expresión matemática es la siguiente:

$$K = \frac{P_A \times A - P_B}{A}$$

Donde K es el porcentaje de nuestra riqueza que debemos apostar, P_A es la probabilidad de que ocurra el evento en el que multiplicamos nuestra inversión por A veces y P_B es la probabilidad de que perdamos todo.

Veamos un ejemplo. Imagina que quieres invertir en una acción que piensas que por fundamentales se va a multiplicar por 4 en varios años de forma casi segura, pero resulta que está en China. Y crees que existe un 70 % de probabilidades de que China invada Taiwán en ese período y que las sanciones internacionales la hagan irse a cero y perderlo todo.

Imaginemos por ejemplo que en este caso existe un 30 % de probabilidad de multiplicar por 4 y un 70 % de probabilidad de perder todo lo que ya tenías. Entonces si introducimos estos datos en la fórmula de Kelly, obtenemos un 12.5 %. Esto significa que lo óptimo para maximizar los resultados es colocar como máximo un 12.5 % de nuestra cartera en esa acción.

$$K = \frac{P_A \times A - P_B}{A} = \frac{0.3 \times 4 - 0.7}{4} = 0.125 = 12.5\,\%$$

¿Significa esto que no vamos a perder dinero con esta única operación? No, en caso de que ese 70 % de posibilidades de perder suceda te vas a quedar sin todo lo invertido. De hecho si miras sólo este caso aislado lo más probable es que pierdas. Lo que significa el "criterio de Kelly" en realidad es que si realizases operaciones exactamente igual que esta muchas veces, invirtiendo un 12.5 % se maximizan tus resultados a largo plazo a la vez que se reduce la probabilidad de perder todo.

Es posible también invertir porcentajes sub-óptimos, algo inferiores a los de Kelly. Haciéndolo de esa forma se reduce mucho la probabilidad de una pérdida total a costa de reducir un poco el retorno. En la práctica lo aconsejable es elegir un porcentaje que se sitúe entre la mitad y la totalidad del "número de Kelly", pero nunca mayor a eso. Dependiendo de cómo de seguros estemos que las probabilidades que hemos estimado en la fórmula sean correctas.

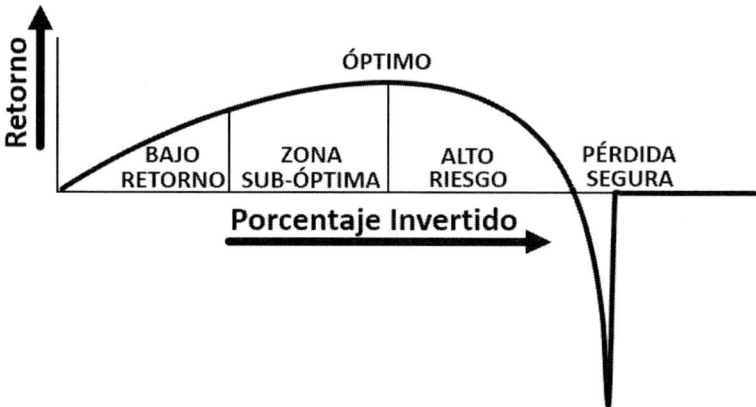

Si en el ejemplo anterior hubiésemos utilizado la mitad del número de Kelly, es decir un 6.25 %, habríamos reducido a la mitad el riesgo inicial de perder todo tras realizar tres operaciones similares, mientras que el beneficio final esperado sólo se habría reducido un 25 % aproximadamente.

La fórmula de Kelly es una herramienta muy útil para poner un límite al tamaño de tus inversiones, pero es de vital importancia recordar que lo realmente importante aquí es que seamos conscientes que todo dependerá de que sepamos utilizar el sentido común de manera correcta para asignar las probabilidades adecuadas a cada escenario posible. Es también muy útil para detectar a las típicas oportunidades de inversión a las que solemos llamar la "lotería del millonario". Es decir, situaciones en las que existe una pequeña probabilidad que ganar muchísimo pero en las que no perdamos mucho si nos equivocamos. Si por ejemplo vemos una oportunidad con un 10 % de probabilidad de multiplicar por 50 y un 90 % de perderlo todo, bien merece la pena arriesgar un 4 % de nuestro *portfolio* para casi multiplicar nuestra cartera por 3 si acertamos. Pero no te confundas, no te estoy incitando a utilizar la bolsa como un casino, sino a aprender a diferenciar cuándo la ratio de riesgo recompensa está a tu favor descaradamente y aprovecharla.

Sin embargo lo que realmente debemos hacer por norma general como inversores inteligentes es buscar siempre inversiones con un recorrido a la baja muy pequeño o nulo, pero con unas posibilidades hacia arriba muy altas. Cuanto más alto sea el porcentaje de la fórmula de Kelly mejor. Nuestras principales posiciones serán solamente en acciones para las cuales la fórmula de Kelly nos devuelva unos porcentajes lo más altos posibles, superiores al 50 o 60 %, si es que existen esas oportunidades en el mercado.

Para los casos en los que existen más de dos escenarios posibles, que es lo habitual, la fórmula se complica bastante. Se trata de maximizar la siguiente expresión matemática:

$$\sum p_i \cdot \log\left(1 + b_i \cdot K\right)$$

Donde p_i son las probabilidades de cada escenario y b_i la rentabilidad total que esperamos para cada uno de esos escenarios. Observemos el siguiente ejemplo real para verlo de forma más clara.

Cuando Meta tocó mínimos a finales de 2022 era bastante obvio que en 4 o 5 años se iba a triplicar casi seguro. Si asumimos una probabilidad del 10 % de multiplicar por cuatro nuestra inversión, un 35 % de multiplicar por tres, un 25 % de multiplicar por dos, un 25 % de perder la mitad y un 5 % de quebrar y perderlo todo, entonces la fórmula de Kelly se transformaría en la siguiente expresión:

	Caso 1	Caso 2	Caso 3	Caso 4	Caso 5
PROBABILIDAD DE OCURRIR (p_i)	10 %	35 %	25 %	25 %	5 %
RETORNO DE LA INVERSIÓN (b_i)	+300%	+200%	+100%	-50%	-100%

$$f(K) = 0.1 \cdot \log(1 + 3 \cdot K) + 0.35 \cdot \log(1 + 2 \cdot K) +$$
$$+0.25 \cdot \log(1 + 1 \cdot K) + 0.25 \cdot \log(1 - 0.5 \cdot K) +$$
$$0.05 \cdot \log(1 - 1 \cdot K)$$

Si representamos gráficamente la ecuación anterior dando valores a *K* en Excel o en cualquier web online que grafique funciones matemáticas obtenemos el siguiente gráfico:

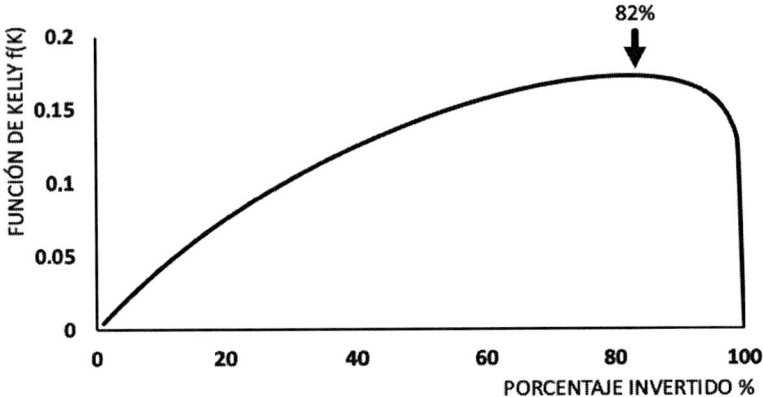

En este caso el punto máximo sucede cuando el valor del número de Kelly es aproximadamente 82. Eso significa que si los escenarios y probabilidades de ocurrencia que hemos seleccionado son acertados, entonces podríamos invertir en esta acción hasta un 82% del *portfolio* como máximo. Cuando Kelly nos permite mantener en nuestro *portfolio* unos porcentajes tan altos de una acción es indicativo de que estamos ante una oportunidad única.

De todos modos, recuerda protegerte contra pérdidas totales incluso si estás muy seguro de tu análisis. Una apuesta del 82 % de la cartera en una sola acción sólo debe hacerse en casos extremadamente favorables cuando casi no hay posibilidad de pérdida.

En caso de que nuestras habilidades matemáticas no sean lo suficientemente buenas como para crear el gráfico anterior, existe otra fórmula algo más sencilla y más conservadora que la de Kelly, con la que podemos tratar de acotar también un máximo. Sin embargo es bastante menos óptima. Se trata de dividir el valor esperado de todos los escenarios entre el mayor retorno. Para el ejemplo anterior con Meta procederíamos de la siguiente forma:

$$K = \frac{p_1 \times b_1 + p_2 \times b_2 + p_3 \times b_3 + \cdots}{\max(b)} =$$

$$= \frac{0.1 \times 3 + 0.35 \times 2 + 0.25 \times 1 - 0.25 \times 0.5 - 0.05 \times 1}{3} =$$

$$= 0.35 = 35\ \%$$

Pero, ¿qué sucede si hemos encontrado varias acciones de las que el criterio de Kelly nos permite tener más de un 100 % entre todas? La respuesta es simple, invierte lo máximo posible en tu mejor idea, en la que te ofrezca mayor rentabilidad, y si encuentras otras igual de buenas invierte en todas. Imaginemos que tenemos un grupo de 4 acciones que nos ofrecen unas rentabilidades más o menos parecidas. Entonces calculamos el valor de Kelly para cada una y para finalizar repartimos el *portfolio* de forma proporcional a los porcentajes de Kelly.

	PORCENTAJE DE KELLY	PORCENTAJE EN CARTERA
Acción A	80 %	35 %
Acción B	70 %	30 %
Acción C	50 %	22 %
Acción D	30 %	13 %
Total	230 %	100 %

$$\% \; EN \; CARTERA \; DE \; A = \frac{80 \times 100}{230} = 35$$

$$\% \; EN \; CARTERA \; DE \; B = \frac{70 \times 100}{230} = 30$$

$$\% \; EN \; CARTERA \; DE \; C = \frac{50 \times 100}{230} = 22$$

$$\% \; EN \; CARTERA \; DE \; D = \frac{30 \times 100}{230} = 13$$

Si hemos sido capaces de encontrar en el mercado una acción que nos va a proporcionar un 30 % de rentabilidad y otras dos que van a proporcionarnos un 20 %, invertimos todo lo que podamos en la mejor de ellas (obviamente la que proporciona un 30 %).

En este caso si por ejemplo Kelly arrojaba un 45 % para la acción A, entonces invertimos ese 45 % de nuestro *portfolio* en ella. El otro 55 % restante lo repartimos entre las otras dos acciones de forma proporcional a sus porcentajes de Kelly.

	PORCENTAJE DE KELLY	PORCENTAJE EN CARTERA
Acción A	45 %	45 %
Acción B	75 %	36 %
Acción C	40 %	19 %
Total	160 %	100 %

$$\% \ EN \ CARTERA \ DE \ A = 45$$

$$\% \ EN \ CARTERA \ DE \ B = \frac{75 \times 55}{115} = 36$$

$$\% \ EN \ CARTERA \ DE \ C = \frac{40 \times 55}{115} = 19$$

Puede parecer que esta forma de invertir conduce a la creación de *portfolios* muy concentrados, lo que es totalmente cierto. Pero recordemos que lo que buscamos es concentrarnos en nuestras mejores ideas, en las que conocemos mejor y en las que por lo tanto seremos expertos y con menor riesgo de equivocarnos.

Lo que produce pérdidas en bolsa es la ignorancia, no las carteras concentradas. Para muestra un botón, el mejor inversor del mundo, Warren Buffet tiene a finales de 2023 una cartera compuesta en un 50 % por una sola acción, Apple. En el pasado sus inversiones en American Express y Coca-Cola también llegaron a superar el 40 % de su *portfolio*. Por otro lado, Charlie Munger, otro de los mejores inversores en valor del mundo mantiene en la actualidad solamente tres acciones en cartera, de las que dos representan un 40 % cada una y son del mismo sector.

No finalizaremos sin antes mencionar que el criterio de Kelly no es más que una herramienta matemática. **Si asignas probabilidades irracionales o especulas con escenarios sin sentido perderás dinero igualmente.** Lo que de verdad importa es que tengas el conocimiento y el sentido común suficiente como para saber asignar durante el cálculo unas probabilidades razonables y conservadoras a todos los escenarios. Todo se basa en hacer eso correctamente y para poder hacerlo con criterio **debes ser un experto absoluto en todo lo referente a la empresa en cuestión** y su sector.

Además, debemos tener siempre presente protegernos contra una pérdida total incluso si la probabilidad de que ocurra es baja. Podemos hacerlo manteniendo algo de efectivo en cartera o manteniendo algunas empresas realmente seguras y de calidad.

CAPÍTULO 12:

ERRORES CATASTRÓFICOS A EVITAR

Al invertir en bolsa existe una serie de formas de actuar muy concretas que suelen ser las responsables de la mayoría de pérdidas en que incurren los individuos que no toman las decisiones correctas. Debemos estar siempre muy atentos a ellas y tratar de evitarlas a toda costa. Veamos de qué se trata cada una.

1) NO ENTENDER LO QUE ESTÁS COMPRANDO

No saber lo que se está haciendo es la principal causa por la cual la gente pierde dinero en bolsa. La regla número uno para que esto no suceda es **invertir solamente en cosas** que puedas entender, cosas que se encuentren **dentro de tu círculo de competencias.** En multitud de ocasiones los inversores invierten en una acción sólo por el hecho de que está de moda, porque su precio está subiendo mucho, porque alguien se la ha recomendado, o simplemente porque el vecino está ganando mucho dinero con ella y tienen envidia de sus ganancias. Esta es sin duda la razón más estúpida para invertir en un activo. El hecho de que todos los demás decidan de pronto invertir en basura no significa que tengas que hacerlo tú también.

La historia está plagada de innumerables burbujas en las que todo el mundo decía que el precio de cierto activo nunca bajaría, que era un negocio seguro, o que eras un tonto por quedarte fuera. Da igual que tu abuela de noventa años se esté haciendo rica y tú no, si no entiendes lo que estás comprando o si no puedes explicar por qué el activo va a seguir subiendo, no inviertas jamás. Y déjame que te adelante, que la frase "subirá porque otros lo están comprando" no es motivo suficiente.

Cuando compras acciones, no estás adquiriendo un boleto de lotería en el que apuestas porque tienes una corazonada. Cada acción representa una fracción de la propiedad de una empresa. Eso es lo que estás comprando, un trozo de una empresa. Y de la misma forma que si fueses dueño de toda la compañía, debes poder entender todas las operaciones con las que gana dinero. Leerte el informe anual de la compañía en la que quieres invertir es casi obligatorio si quieres entender el negocio. Y para conocer la situación financiera, debes estudiar las cuentas de la compañía al completo.

Está claro que comprar la primera acción famosa que te recomiende tu bróker requiere menos esfuerzo que conocer la compañía. Pero dedicarle menos tiempo al activo en el que vas a invertir los ahorros de tu vida del que le dedicarías a comprar una nevera nueva no parece muy buena idea. La razón principal de que tanta gente pierda dinero en bolsa es que la mayoría ni siquiera saben si la empresa en la que invirtieron realmente gana dinero o no.

2) PAGAR DEMASIADO

No compres jamás acciones sobrevaloradas. **La mejor compañía del mundo puede ser una mala inversión si el precio que pagas por ella es demasiado alto.** Comprar una acción a múltiplos mucho más altos que su media histórica es una señal casi segura de que o bien vas a perder dinero, o bien que perderás meses o años hasta que su precio iguale a su valor. Saber diferenciar los conceptos de precio y valor es clave para invertir. Precio es lo que pagas y valor es lo que recibes a cambio. Si tienes que pagar $100 millones de dólares por comprarte un Ferrari, es siempre una mala compra por muy bueno que sea el coche.

Cada vez que vayas a invertir en un negocio debes calcular su valor intrínseco por ti mismo. Solamente después de decidir cuánto vale para ti el negocio puedes comparar el valor con el precio de mercado y decidir si vas a invertir o no. Nunca compres nada cuyo precio supere su valor, ni nada que no te proporcione un margen de seguridad adecuado.

3) INTENTAR PREDECIR EL MERCADO

Una de las peores cosas que puedes hacer cuando se trata de inversión es intentar especular. La especulación lleva a que el 1 % de la gente gane mucho dinero y a que el 99 % restante se quede sin nada. Y créeme, tú no estarás dentro del 1 % que ganará. El rumbo que tomará una acción a corto plazo, lo que hará el mercado, las políticas monetarias o el rumbo de la economía son absolutamente imposibles de predecir. No pierdas el tiempo intentando anticiparlas. Vas a tener la misma suerte haciéndolo que la que tendría un adivino con su bola de cristal.

Lo único de lo que podemos estar seguros es que la historia ha demostrado que el precio de la acción de una buena compañía siempre tiende a replicar los resultados de la empresa a largo plazo. De modo que olvídate de todo el ruido de los medios y concéntrate en comprar acciones de compañías excelentes adquiridas a buen precio.

4) DEJARSE LLEVAR POR LAS EMOCIONES

Lo peor que puedes hacer cuando se trata de invertir es tener la tendencia a recibir placer por ir a favor de lo que piensa la mayoría, o a sentirte mal por estar en desacuerdo con los demás. El rebaño se deja llevar por el miedo y el pesimismo en los momentos de caídas del mercado, que son precisamente los mejores para invertir. Además, se ve arrastrado por la avaricia de comprar en medio de burbujas, cuando los precios suben y suben sin control. No vas a ser un buen inversor porque tu opinión coincida con la de la mayoría, sino porque tus análisis sean correctos.

Otro de los problemas de guiarse por las emociones o las corazonadas y no por los números es que eso te llevará a operar demasiado. Si lo único que tienes que hacer es encontrar una buena empresa con un balance sólido, futuro prometedor y mantenerla, ¿por qué estás comprando y vendiendo acciones continuamente? ¿Para que el Gobierno se lleve su porcentaje cada vez que ganas? En sus investigaciones, el profesor de Wharton,

Jeremy Siegel, demostró que los inversores que más operaciones hacen son precisamente los que peores resultados consiguen.

Por otro lado, cuando te dejas llevar por las emociones cometes el peor error de todos. Vender tus acciones en una caída de mercado, incluso cuando la empresa que representan sigue siendo igual de buena. El señor Mercado es un individuo maníaco-depresivo. Unas veces te vende basura a precio de oro y otras veces oro a precio de basura. Si compras hoy un edificio de apartamentos por $1 millón de dólares para explotar el negocio, ¿lo venderías otra vez mañana simplemente porque vengan unos cuantos inversores que se pongan de acuerdo en ofrecerte medio millón por él? No, ¿verdad? Suena extremadamente estúpido. Pues la bolsa es igual, la única diferencia es que el número de compradores que vienen a ofrecerte precios estúpidos es mucho mayor.

Si el negocio sigue siendo bueno, no vendas simplemente porque una masa de borregos te diga que te ofrece la mitad. El negocio seguirá creciendo y ganando dinero para ti. Incluso deberías pensar en comprar más a esa masa de borregos, no en vender lo que ya tienes a mitad de precio. Recuerda, busca compañías fantásticas a buen precio y consérvalas a largo plazo mientras no empeoren sus fundamentales.

5) APALANCARSE

En algunas situaciones puntuales puede resultar inteligente endeudarse un poco para aprovechar una oportunidad única en la vida. Sin embargo, la regla general es que invertir con dinero prestado o con apalancamiento es realmente una de las ideas más peligrosamente tontas que puedes tener. Cuando inviertes a base de deuda lo que realmente estás haciendo es disparando el riesgo que asumes. Muchísimos inversores a lo largo de la historia han perdido todo lo que tenían y más por culpa de la deuda.

En general es mejor operar con el dinero que posees y hacerte rico despacio en lugar de perderlo rápidamente intentando inflar tus ganancias artificialmente mediante deuda. No lo olvides, evita a toda costa la deuda y cualquier tipo de producto apalancado.

CAPÍTULO 13:

RESPUESTAS A PREGUNTAS FRECUENTES

¿COMPRAR ACCIONES EN MÁXIMOS HISTÓRICOS?

Una de las preguntas más habituales que se hacen los inversores, especialmente durante mercados alcistas, es si deben invertir en acciones o índices que se encuentran en máximos históricos. Por ejemplo, a principios de 2017, el S&P 500 ya había sobrepasado los $2,300 y su precio se situó en su nuevo máximo histórico. Además, se encontraba en una tendencia que continuaba en ascenso. Lo mismo le ocurría a Alphabet en 2016. Había sobrepasado la marca de los $800 por acción (pre-split) y su precio en ese momento era el más alto que había tenido la compañía en toda su historia. Sin embargo, durante los siguientes cinco años el precio continuó creciendo sin parar, alcanzando los $2,900 en el año 2021.

Por otro lado JP Morgan Chase cotizaba a principios de 1999 a más de $60 por acción. También al precio más alto al que nunca había estado la acción. Sin embargo, en esta ocasión ocurrió lo contrario que con Alphabet. Durante los siguientes dos años la acción cayó hasta tocar los $15 dólares y no volvió a recuperar los máximos hasta 2005. Por lo tanto estos son dos ejemplos de acciones que se encontraban en una situación de precios en máximos históricos, pero el futuro de ambas fue muy distinto.

Entonces, ¿qué conclusión podemos sacar de todo esto? Sencillo, que el precio no nos dice absolutamente nada sobre el futuro de una acción. El hecho de que esté en máximos históricos o no, no es indicativo de que vaya a subir ni a bajar. Estar en máximos tampoco es indicativo de que una posible caída esté más cerca ni más lejos.

Pero entonces, ¿qué debemos hacer cuando una compañía se encuentra en máximos? Sencillo, debes hacer exactamente lo mismo que en cualquier otro momento, tanto si la acción se encuentra en mínimos, en máximos o en cualquier punto intermedio. Lo que tienes que hacer es comparar su precio con su valor intrínseco y comprar solamente si el mercado te la ofrece con un descuento y margen de seguridad suficientes.

Cuando el precio es mayor que el valor intrínseco y sus múltiplos superan por mucho la media histórica, la acción está sobrevalorada. Y viceversa, si el precio es menor que el valor intrínseco la empresa estará infravalorada. Cualquiera de estas situaciones puede suceder independientemente de que el precio se halle en máximos históricos. Hay compañías que con el precio en máximos estarán sobrevaloradas y otras que estarán infravaloradas, dependiendo de las perspectivas de beneficios futuros y otros factores. Lo contrario también es cierto, una compañía en mínimos no tiene por qué estar infravalorada. Puede perfectamente estar aún sobrevalorada.

Por lo tanto, a la pregunta de si es conveniente o no comprar acciones en máximos históricos, la respuesta es que depende. Primero debemos analizar la compañía para conocer el valor intrínseco. Y tenemos que hacerlo de forma racional, mediante hipótesis conservadoras y aplicando un margen de seguridad adecuado en todas las variables. Para ello podemos utilizar por ejemplo el descuento de flujos de caja. Y tras comparar su precio con su valor, decidir de forma razonada si la compañía está infravalorada. En caso de estarlo, la compraremos. En caso contrario la descartaremos y esperaremos a la siguiente oportunidad que nos ofrezca el mercado, esté en máximos históricos o no.

¿COMPRAR AHORA O ESPERAR A UNA CORRECCIÓN?

Existe una ley fundamental sobre **el mercado. No puede predecirse.** Tu estrategia no puede basarse en entrar y salir del mercado cuando creas que va bien o va mal. No se puede entrar en ese juego o te garantizas perder casi con toda probabilidad. Lo que tienes que hacer es invertir siempre en las acciones que en ese momento creas que te van a proporcionar mayor rentabilidad a largo plazo. Y a partir de ahí, gestionar tu coste de oportunidad.

Si tienes tu cartera completa y un día encuentras alguna buena oportunidad que creas que va a ser al menos un 50 % mejor que la peor de tus inversiones, lo que harás será vender la peor y compra la nueva. Se gana dinero a través del *cash flow* que proporcionan las empresas que posees y gestionando el coste de oportunidad de cada una. Jamás esperando a que nada llegue a determinado precio. No tienes que predecir nada ni esperar a ningún suceso, sólo actuar cuando las cosas ocurren.

Tienes que olvidarte de la idea de que el precio significa algo, céntrate en la evolución del valor de tus compañías. Si has elegido las empresas adecuadas, durante un mercado bajista extremo en el que sus precios caigan un 80 %, su valor seguirá aumentando. Tú seguirás haciéndote más rico aunque tu cartera esté en rojo.

Si se da el caso de que encuentras una acción extremadamente infravalorada, venderás alguna de las acciones de tu cartera (aunque estén en rojo) para comprar la ganga que has encontrado. Tú cartera seguirá estando en rojo y la nueva acción puede que siga cayendo más y más. Pero tú te has hecho mucho más rico en realidad. Has aumentado el valor a pesar de que el precio diga lo contrario. Y en el futuro, cuando el mercado ponga las cosas en su sitio de nuevo, verás los resultados.

¿QUÉ HACER SI LA EMPRESA EMPEORA SUS RESULTADOS?

Hazte una pregunta, ¿realmente los ha empeorado? ¿Ha perdido la compañía su ventaja competitiva y sus perspectivas futuras son mucho peores? ¿O simplemente has visto un par de trimestres con resultados peores al consenso de los analistas y te has asustado?

Déjame que te diga algo. Unos resultados malos durante uno o dos años no significan absolutamente nada. Sin embargo, la gente es cortoplacista y ese período tan irrelevante a nivel empresarial es una eternidad para ellos. Todo el mundo espera ver un gráfico con beneficios que crecen como una línea recta hacia arriba y sin perturbación alguna. Pero el mundo empresarial no funciona así. Las empresas no crecen en línea recta, tiene altibajos.

Existen infinidad de ejemplos de compañías fantásticas con un historial de crecimientos excepcional y que los inversores abandonan simplemente por tener un año malo. El problema de muchos inversores es basar sus decisiones en proyectar los resultados recientes hacia el futuro sin hacer el más mínimo análisis sobre si eso tiene sentido empresarialmente o no.

En la tabla siguiente vemos el ejemplo de los resultados de una empresa imaginaria que se duplica cada año. Puedes apostar sin temor a equivocarte que el consenso de los analistas te dirá que el beneficio en el año siguiente será de $32. Es decir, el doble.

	Año 1	Año 2	Año 3	Año 4	Año 5
Beneficios	1	2	4	8	16

Si esa misma empresa genera $20 al año siguiente, el nuevo consenso de los analistas será que la empresa ahora crece al 25 %. Y la previsión para el siguiente año será de $25.

	Año 1	Año 2	Año 3	Año 4	Año 5	Año 6
Beneficios	1	2	4	8	16	20

Ambas suposiciones se han hecho simplemente proyectando los últimos números hacia el futuro sin tener en cuenta si realmente el negocio de la empresa es capaz de ello operativamente.

Wall Street tiende a proyectar hacia la eternidad las últimas cifras publicadas, sean buenas o malas.

Jamás utilices los resultados de un año en concreto para hacer suposiciones sobre el futuro. Si una compañía ha sido capaz de crecer al 20% anual durante diez años y de repente un año crece al 5% no significa que haya empeorado. Pregúntate qué es lo que hacía que en el pasado fuese capaz de crecer a ese ritmo y por qué ha dejado de hacerlo de golpe. Cuando una compañía se deteriora normalmente lo hace poco a poco. Un deterioro súbito suele ser debido a problemas pasajeros que desaparecerán en el futuro, a no ser que haya ocurrido algún suceso específico que haya destruido el futuro de la compañía.

Una de las claves de la inversión es **saber diferenciar entre problemas temporales y problemas permanentes.** Si queremos obtener altas rentabilidades debemos invertir en cosas a precio razonablemente bajo, pero una gran compañía no baja a precios atractivos cuando todo va bien. El precio sólo cae cuando hay nubes de tormenta. La clave es saber diferenciar si serán pasajeras o no. Pero como otra de las claves de la inversión es que sólo has invertido en cosas que entiendes, se supone que eres un experto en todo lo referente a esa compañía que está empeorando sus resultados. Por lo tanto, ¿quién mejor que tú para saber si la empresa se recuperará? ¿Verdad?

En caso de que hayas invertido en algo que no entiendes y ahora se está deteriorando, has cometido un error, pero no ahora que la compañía se deteriora, sino justo en el momento que adquiriste algo que no entendías. Pero cuidado, con deteriorarse, nos referimos a deterioro del negocio, no a que el precio esté bajando.

¿CÓMO COMBATIR A LOS TIBURONES DEL MERCADO?

Los grandes capitales e inversores institucionales juegan un juego completamente diferente al que juegas tú. Les importa un bledo lo que tú hagas, porque están ocupados ganando miles de millones. Como pequeño inversor no tienes que combatirlos para nada. Tú juegas en la liga del largo plazo, no en gráficos diarios. El problema principal de los pequeños inversores no es combatir a los tiburones, es combatir su propia ignorancia. De hecho, tú como inversor particular tienes una ventaja abrumadora sobre todos ellos, porque no estás sometido a la estricta regulación que tienen que cumplir. Por poner los ejemplos más importantes:

Primero, tú puedes comprar cualquier acción instantáneamente sin que su precio se vea alterado, ellos deben entrar progresivamente durante semanas o meses.

Segundo, tú puedes invertir en lo que quieras, mientras que los tiburones más grandes, por tamaño sólo tienen a su disposición de forma práctica las 50, 100 o 200 empresas de mayor capitalización.

Tercero, tú tienes libertad total para confeccionar tu cartera, puedes comprar una sola acción si quieres, mientras que ellos deben comprar un número mínimo de compañías para satisfacer las regulaciones. Por regla general ninguna puede superar el 10 % de la cartera.

Y cuarto, esos tiburones están sometidos en general a la presión de sus clientes. En las correcciones de mercado, sus inversores se asustan y retiran su dinero. Justo en ese momento es cuando ellos deberían comprar y no pueden. Además de que se verán constantemente sometidos a presión por obtener rentabilidades a corto plazo, lo cual dinamita completamente sus posibilidades a largo plazo.

Así que lo dicho, olvídate de las tonterías que dice la gente y de poner excusas para tu propia incompetencia, como culpar a tiburones que supuestamente tiran el mercado para quedarse con el dinero de los pececillos. Enfócate en no hacer tonterías, como por ejemplo vender simplemente porque el precio caiga, ni comprar compañías sin beneficios a precios especulativos.

¿CÓMO INVERTIR SI NO SÉ INVERTIR?

En caso de que todavía no tengas los conocimientos suficientes sobre inversión, o que no tengas el temperamento adecuado, **no debes invertir seleccionado acciones individuales** bajo ninguna circunstancia. Eso simplemente te llevará a perder dinero.

Lo que debes hacer es automatizar el proceso de inversión y **diversificar de forma extrema.** Existen dos métodos para invertir cuando no se tienen conocimientos que suelen dar buenos resultados.

El primer método es **invertir en el índice americano S&P 500**. Este índice representa la economía estadounidense y está compuesto por las 500 mayores y más importantes empresas que cotizan en bolsa en Estados Unidos. A mayor capitalización mayor peso tiene cada empresa en el índice.

La gran ventaja es que resulta prácticamente imposible que se vaya a cero, además ha demostrado durante décadas una rentabilidad anualizada media del 10 %. A pesar de sus múltiples correcciones y caídas severas, en el largo plazo siempre seguirá creciendo acompañando a la economía americana.

La manera correcta de invertir en este índice es que cada vez que tengas dinero disponible que no necesites en los próximos 10 o 15 años, lo inviertas directamente sin importar el precio del índice. Si por ejemplo puedes ahorrar cierta cantidad mensualmente que no necesitarás para tu vida, automatiza el proceso e invierte pequeñas cantidades mes a mes. A largo plazo, veinte años o más, tu dinero habrá crecido batiendo a la mayoría de profesionales de la bolsa. La dificultad de este sistema es ser constante y no retirar el dinero. No intentes nunca predecir el mercado ni entrar o salir cuando creas conveniente. Simplemente invierte cuando tengas capital disponible.

El segundo método para invertir sin tener conocimientos es **invertir en empresas *blue chips* que repartan dividendos**. La gran ventaja de este sistema es que si tienes un capital suficientemente grande y estás cercano a la jubilación, puedes generar ingresos pasivos y vivir de ellos. En caso de que tu capital no sea tan grande, lo que debes hacer es seleccionar al menos 15 o 20 acciones con largos historiales de pago de dividendos e invertir periódicamente en ellas el dinero que tengas disponible.

Existe un grupo de compañías llamadas las *Dividend Kings*, las cuales han pagado dividendos de forma consecutiva durante más de 50 años. Selecciona acciones de calidad de esa lista y crea una cartera en la que cada una de ellas tenga el mismo peso. Con el tiempo y debido a la variación de precios unas habrán subido más que otras. Cada año debes reequilibrar tu cartera. Si algunas representan un peso superior al doble de las que más han caído, debes vender parte de las que han subido y comprar más de las que han bajado. De modo que vuelvan a tener el mismo peso en tu cartera aproximadamente.

Además de ello, cuando las empresas repartan dividendos, debes reinvertirlos comprando más de las acciones de tu cartera que en ese momento tengan un peso menor.

Haz esto y te aseguro que después de veinte años tu dinero valdrá mucho más que si lo hubieses guardado bajo el colchón.

BLOQUE V:

¿CÓMO SER MEJOR QUE EL 99 %?

CAPÍTULO 14:

CÓMO DETECTAR MANIPULACIÓN CONTABLE

En este capítulo entraremos en un terreno inexplorado para la mayoría de las personas. El mundo del maquillaje contable, mediante el cual muchas compañías inflan sus beneficios y tratan de engañar al accionista. Lamentablemente se trata de un tema muy denso. Requiere cierta agilidad leyendo estados financieros y un profundo entendimiento de todos sus elementos. Si eres un inversor principiante quizás lo mejor es que te saltes este capítulo por el momento, hasta que desarrolles mejor tus habilidades contables con la práctica. Sin embargo, para un inversor experto este es un tema de vital importancia.

Si lo que haces normalmente cuando valoras una acción es ir directamente a mirar los beneficios reportados y multiplicarlos por cierto múltiplo, debo decirte que estás cometiendo uno de los mayores errores que se pueden cometer. Pero tranquilo, no estás sólo. Te aseguro que el 99.9 % de los inversores, incluso muchos gestores de fondos, hacen lo mismo que tú. Sin embargo, la cruda realidad es que utilizar los beneficios reportados en las cuentas directamente va a darte el mismo resultado que si te inventas tú las cifras al azar.

Cuando lees las cuentas de una empresa lo peor que puedes hacer es mirar simplemente los beneficios por acción y creértelos tal cual. Ya que son la cifra menos precisa que tienen las cuentas de una compañía. La razón es que entre la anotación de ingresos y la de beneficios hay muchos elementos intermedios que se suman o se restan y que se pueden manipular para maquillar el resultado final. Además, debes saber que toda esta ingeniería financiera es casi siempre completamente legal, ya que las empresas abusan de la flexibilidad de las normas contables. En la mayoría de casos las cuentas no mienten, pero retuercen la verdad de forma descarada, lo cual lleva al inversor a hacerse una idea exagerada de los resultados.

Vamos a ver los diferentes métodos que existen para retorcer los números haciendo que los beneficios parezcan mucho mejores de lo que en realidad son. O para hacerlos parecer estables y predecibles cuando en realidad son inestables. También veremos los métodos que se utilizan para hacer creer que una compañía es fuerte financieramente cuando en realidad no lo es.

Algunas de estas comprobaciones son sencillas de poner en práctica y te ayudarán a ser mejor inversor que la gran mayoría. Pero también debo advertirte de que cuando una compañía realmente quiere mentir y cometer fraude, es realmente difícil de detectar, sólo una persona muy entrenada puede darse cuenta de ello si la empresa ha ocultado bien sus huellas. Afortunadamente, la mayoría de casos son más fáciles de detectar, porque si se trata sólo de maquillaje contable, las trampas suelen ser más inocentes, lo suficiente como para engañar al inversor medio. El cual es demasiado vago como para leer un informe anual completo de forma crítica.

CÓMO SE FALSIFICAN LOS INGRESOS

El primer método mediante el cual se puede falsificar la cifra de ingresos es conocido como *Channel Stuffing*. Consiste en que el equipo de ventas infla las cifras justo antes de reportar resultados. Se trata básicamente de adelantar cifras de ventas del futuro para traerlas al presente.

Imagina, por ejemplo, una compañía *retail* con ventas que varían estacionalmente. Si la directiva cree que va a haber pérdidas este trimestre, puede dar orden de ofrecer a los clientes ofertas especiales con grandes descuentos en el precio o con facilidades de pago si adquieren el producto ahora en lugar de hacerlo tras el cierre del trimestre contable.

Esto obviamente es perjudicial, ya que la directiva está haciéndole perder dinero a la empresa a través de esas ofertas especiales, con el simple objetivo de intentar que el trimestre presente parezca mejor a costa del siguiente. Están haciendo parecer los ingresos estables cuando en realidad no lo son, pero como consecuencia también están reduciendo el beneficio a largo plazo del accionista.

Además es posible que se vean obligados a volver a realizar el engaño en los trimestres sucesivos o a soportar uno en que se vean de golpe los efectos concentrados de toda esta manipulación.

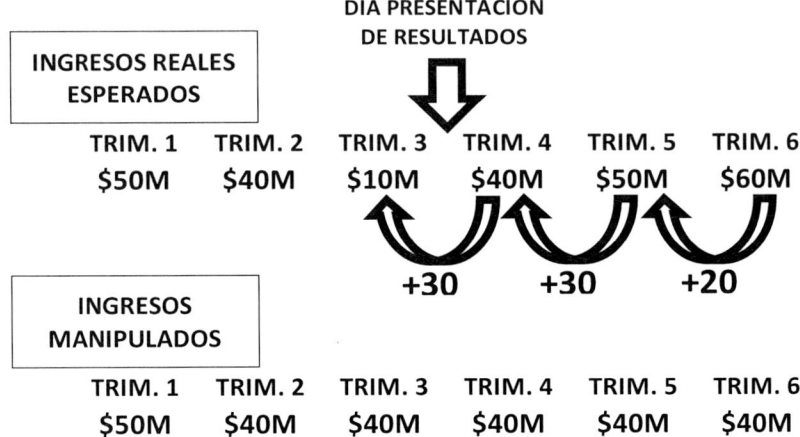

DÍA PRESENTACIÓN DE RESULTADOS

	INGRESOS REALES ESPERADOS					
	TRIM. 1	TRIM. 2	TRIM. 3	TRIM. 4	TRIM. 5	TRIM. 6
	$50M	$40M	$10M	$40M	$50M	$60M

+30   +30   +20

	INGRESOS MANIPULADOS					
	TRIM. 1	TRIM. 2	TRIM. 3	TRIM. 4	TRIM. 5	TRIM. 6
	$50M	$40M	$40M	$40M	$40M	$40M

En caso de que estén forzando a un distribuidor a recibir más productos de los que realmente pueden vender, es posible que ese distribuidor tenga el derecho en el futuro de devolver a la compañía los ítems no vendidos. Eso producirá un desajuste en la partida de cuentas a cobrar del balance.

Por lo tanto la mejor manera de detectar este artificio es fijándose en la partida de cuentas a cobrar y comprobar si está en consonancia porcentualmente con las ventas, si ha aumentado o disminuido de forma brusca o si ha sucedido lo mismo en el resto de las empresas del sector.

	12/2022	09/2022	06/2022	03/2022
INGRESOS TOTALES	76048	69092	69685	68011

	12/2022	09/2022	06/2022	03/2022
ACTIVO CIRCULANTE	164795	166109	172371	177853
EFECTIVO E INV. A C. PLAZO	113762	116259	124997	133970
TOTAL POR COBRAR	57888	51957	37073	35622
CUENTAS A COBRAR	57888	50232	35707	34703
INVENTARIO	2670	3156	1980	1369
OTROS ACTIVOS CORRIENTES	8105	10518	8321	6892

$$\frac{CUENTAS\ A\ COBRAR}{INGRESOS\ TOTALES} \times 100 =$$

76%	72%	51%	51%

⬆

¿QUÉ HA PASADO AQUÍ?

Otra manera de comprobarlo es comparando para diferentes trimestres el número medio de días que la compañía tardó en recibir un pago. Si este ratio ha aumentado de forma súbita indica que la empresa ha ofrecido mejores condiciones de pago a los clientes sospechosamente.

La ratio se puede calcular dividiendo la partida de cuentas a cobrar entre las ventas medias diarias. Por regla general la ratio de días de cobro de facturas debe ser estable y las cuentas por cobrar deben ir parejas con el aumento o disminución de las ventas. Analiza varios trimestres, si hay disparidades desconfía y comprueba si la compañía explica por qué.

	12/2022	09/2022	06/2022	03/2022
INGRESOS TOTALES	76048	69092	69685	68011

	12/2022	09/2022	06/2022	03/2022
ACTIVO CIRCULANTE	164795	166109	172371	177853
EFECTIVO E INV. A C. PLAZO	113762	116259	124997	133970
TOTAL POR COBRAR	57888	51957	37073	35622
CUENTAS A COBRAR	57888	50232	35707	34703
INVENTARIO	2670	3156	1980	1369
OTROS ACTIVOS CORRIENTES	8105	10518	8321	6892
$DÍAS = \dfrac{CUENT.\,A\,COBRAR}{INGR.TOT./365} =$	**278**	**265**	**187**	**186**

¿POR QUÉ SE TARDA MÁS EN COBRAR A PARTIR DE AQUÍ?

Un segundo método mediante el que se pueden falsificar los ingresos es aplicable a empresas que manejan grandes contratos que duran años, al contrario que en el ejemplo anterior. Normalmente un gran proyecto se cobra con hitos de pago periódicos que dependen del porcentaje del proyecto que haya sido completado hasta ese momento. Esos hitos no siempre están escritos en piedra y en ocasiones la compañía puede negociar con su cliente mover los porcentajes a facturar en el tiempo o incluso cambiar esos porcentajes. Esto puede hacerse para intentar favorecer un trimestre que se prevea que va a ser malo. El cliente estará de acuerdo en hacerlo si los hitos de pago futuros le resultan más favorables.

Por otro lado, existen ciertos sectores en los que para un proyecto largo se pueden estimar los márgenes y las ventas que corresponderían a ese período contable y reconocerlos como ingresos. Si por ejemplo vas a cobrar $10 millones por un proyecto que dura cinco años, si las normas te lo permiten puedes reconocer $6 millones de ingresos el primer año y $1 millón cada uno de los años siguientes. De esta forma se habrán trasladado ingresos hasta el punto en el tiempo que interesaba.

La mejor manera de identificar este tipo de maquillajes contables es trabajoso pero sencillo. Hay que leerse el informe anual completo de varios años. En las notas aclaratorias de los estados financieros de algún año habrá probablemente un aviso de que se ha cambiado el método de reconocimiento de ingresos, normalmente de forma favorable. Debes preguntarte por qué y estar atento a si ese cambio produjo algún aumento súbito de los ingresos.

CÓMO SE FALSIFICAN LOS INVENTARIOS Y EL BENEFICIO BRUTO

Otra de las formas más fáciles de manipular los beneficios es a través de los inventarios. Supongamos por ejemplo una compañía que fabrica mesas de madera que se venden al instante y que para ello utiliza como materia prima tablones de madera que tiene guardados en stock. Por regla general la empresa tendrá guardada en el almacén una determinada cantidad de madera que consideren suficiente para mantener las operaciones diarias, y al mismo tiempo que esa madera se va usando para fabricar el producto, se va reponiendo con nueva madera que se compra a los proveedores.

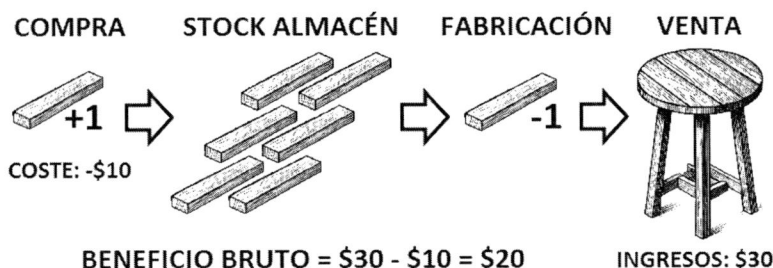

Entonces una forma muy sencilla de inflar los beneficios de cierto período es a costa del inventario. La compañía decide por ejemplo seguir produciendo como hasta ahora, pero ya no compra más madera o compra mucha menos de la que se utiliza. Entonces los gastos en materias primas se habrán reducido, porque no se está comprando nada a los proveedores y por lo tanto los beneficios aumentarán a costa de haber reducido el stock de materias primas.

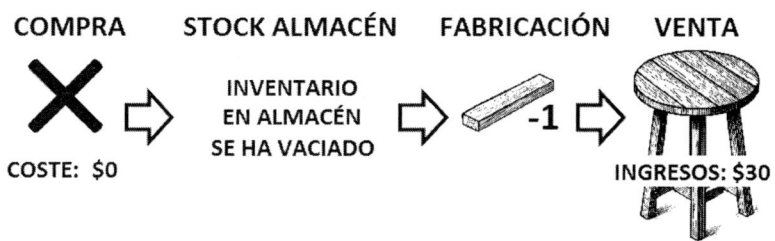

COMPRA   **STOCK ALMACÉN**   **FABRICACIÓN**   **VENTA**

INVENTARIO EN ALMACÉN SE HA VACIADO

COSTE: $0   -1   INGRESOS: $30

BENEFICIO BRUTO MANIPULADO = $30 - $0 = $30

Es decir, se ha sacado dinero del balance y se ha presentado en la cuenta de resultados como si fueran beneficios. Esto es como quemar el barco en su propia caldera para seguir navegando. El problema es que lógicamente sólo puede realizarse de forma temporal, hasta que se hayan consumido todos los inventarios, pero es una forma fantástica para engañar al accionista a corto plazo y exagerar los beneficios a costa de quemar recursos que la empresa necesita.

Para detectar este tipo de manipulación debemos mirar la evolución de los inventarios de la compañía en el balance durante los últimos años. El inventario debe mantenerse constante o aumentar al mismo ritmo que el crecimiento de la compañía. Si el inventario se reduce en compañías estables o si se mantiene constante en compañías de crecimiento es un indicio muy grande de que nos están intentando engañar.

	12/2022	09/2022	06/2022	03/2022
ACTIVO CIRCULANTE	4989	5160	5278	5113
INVENTARIO	1629	1827	1924	2074
OTROS ACTIVOS CORRIENTES				

¡SE REDUCE!

Se debe tener en cuenta también que la variación de precios de materias primas puede haber dado lugar al descenso de la cuenta de inventarios en el balance. Para asegurarte comprueba que los precios de materias primas no han bajado demasiado y compara también el inventario de la compañía con el de otras empresas de su sector.

Además de ello debemos observar también el margen bruto del negocio. Si han estado comprando menos materias primas de las necesarias para mantener los inventarios, sus costes se habrán reducido y por lo tanto el margen bruto de la compañía habrá aumentado repentinamente.

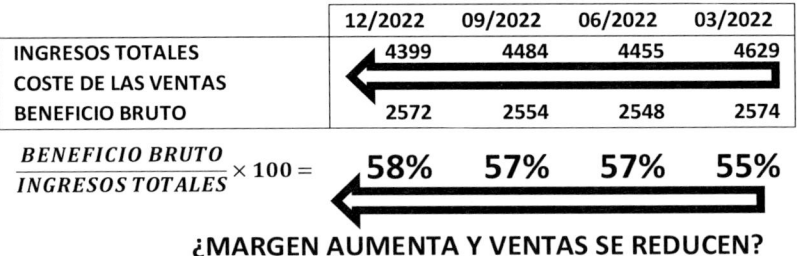

	12/2022	09/2022	06/2022	03/2022
INGRESOS TOTALES	4399	4484	4455	4629
COSTE DE LAS VENTAS				
BENEFICIO BRUTO	2572	2554	2548	2574

$$\frac{BENEFICIO\ BRUTO}{INGRESOS\ TOTALES} \times 100 =$$ 58% 57% 57% 55%

¿MARGEN AUMENTA Y VENTAS SE REDUCEN?

Para terminar, comprueba también en los pasivos circulantes la anotación de acreedores, ya que si no están comprando las materias primas suficientes, esta cuenta se habrá reducido sin explicación aparente.

	12/2022	09/2022	06/2022	03/2022
PASIVO CIRCULANTE	3979	4492	4395	4566
ACREEDORES	1124	1341	1407	1582
OTROS PASIVOS CORRIENTES				

¡SE REDUCE!

CÓMO SE FALSIFICAN LAS AMORTIZACIONES Y DEPRECIACIONES

Cuando una compañía adquiere un activo, por ejemplo un ordenador, no va a valer siempre lo mismo, perderá valor cada año que pase por el uso y el desgaste natural. En el balance, cuando se adquiere un activo se anota su precio de compra y luego se crea una cuenta de amortizaciones o depreciaciones en la que se anotará el valor que esos activos van perdiendo. Si por ejemplo se ha comprado una fábrica que vale $1 millón de dólares y que tiene una vida útil de 20 años, cada año se añadirán a esa cuenta $50,000, que es el valor perdido correspondiente a un año. Las amortizaciones o depreciaciones son un gasto, pero no son un pago inmediato. Su significado es generar una suma con la que poder adquirir un nuevo activo cuando el viejo llegue al final de su vida útil. Supongamos la depreciación de un ordenador:

VALOR: $1,000   VIDA ÚTIL: 4 AÑOS

Entonces su pérdida de valor anual será:

$$PÉRDIDA\ DE\ VALOR\ ANUAL = \frac{\$1,000}{4\ AÑOS} = \$250/AÑO$$

Cada año se retiran de los beneficios $250 y se ponen en la cuenta de depreciaciones.

	AÑO 1	AÑO 2	AÑO 3	AÑO 4	AÑO 5
VALOR ACTIVO	$750	$500	$250	$0	$1,000
DEPRECIACIÓN	$250	$500	$750	$1,000	$0
ACTIVOS NETOS	$1,000	$1,000	$1,000	$1,000	$1,000

**COMPRA NUEVO
ORDENADOR**

Pues bien, las amortizaciones y depreciaciones son una de las principales herramientas que se usan para maquillar los beneficios. Si a la empresa le está permitido elegir el período de depreciación, es obvio que pueden manipular con total libertad lo que gastan cada año en depreciaciones. Si por ejemplo la compañía adquiere una excavadora que vale $50,000 y que tiene una vida útil de 5 años, con tan solo elegir un período de depreciación de 10 años en vez de 5 ya han reducido a la mitad la cantidad que deberán registrar en la cuenta de depreciación.

VALOR: $50,000   VIDA ÚTIL: ¿10 AÑOS?

Entonces su depreciación anual será:

$$PÉRDIDA\ DE\ VALOR\ ANUAL = \frac{\$50,000}{5\ AÑOS} = \$10,000/AÑO$$

Y su depreciación anual **manipulada** será:

$$PÉRDIDA\ DE\ VALOR\ ANUAL = \frac{\$50,000}{10\ AÑOS} = \$5,000/AÑO$$

¡Se han generado en los beneficios $5,000 que no existen! Y el CEO de la compañía habrá dicho algo como esto:

"Hemos decidido que a partir de ahora nuestras excavadoras se amortizarán en 10 años debido a su gran calidad"

Si hablamos de amortizaciones de activos intangibles ya las posibilidades de engaño son infinitas. En ocasiones puedes encontrarte una compañía que mantenga unos activos estables y que de repente cierto año las depreciaciones se hayan reducido por arte de magia. Pregúntate cómo es posible que una empresa que ha mantenido sus operaciones y sus activos aproximadamente constantes cambie de un año para otro la cuenta de depreciaciones.

La regla general para corregir este artificio contable es comparar la cuenta de amortizaciones y depreciaciones con la de activos. El porcentaje que representan las depreciaciones en función de los activos debería ser constante o bien crecer al mismo ritmo que la empresa. Si ves que ese porcentaje varía ampliamente cada año y sin razón aparente desconfía.

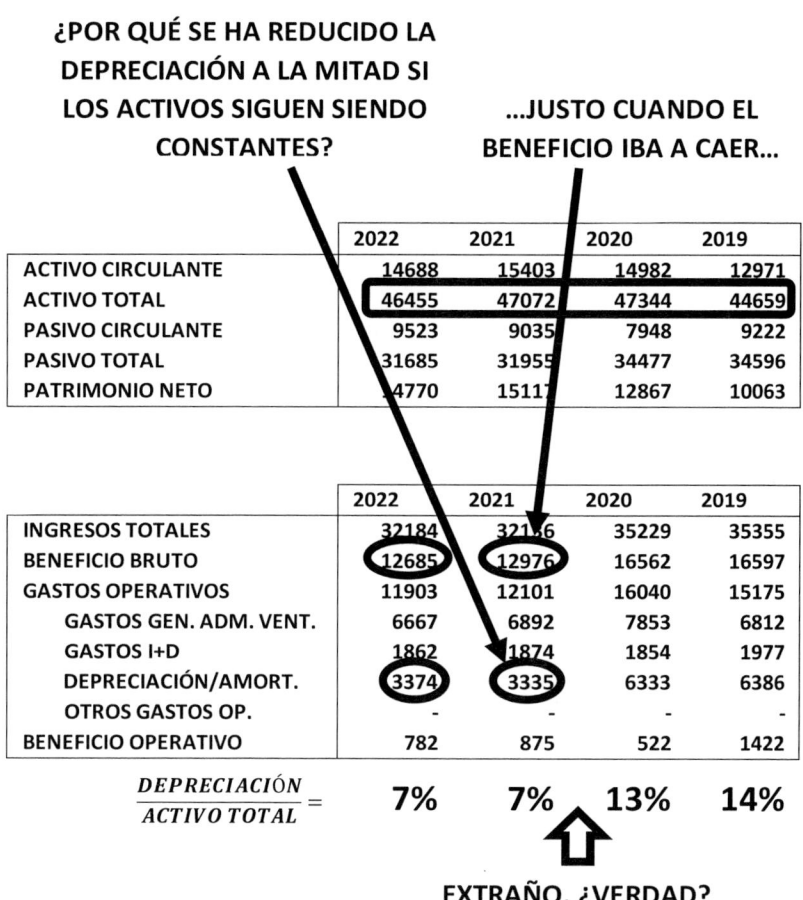

¿POR QUÉ SE HA REDUCIDO LA DEPRECIACIÓN A LA MITAD SI LOS ACTIVOS SIGUEN SIENDO CONSTANTES?

...JUSTO CUANDO EL BENEFICIO IBA A CAER...

	2022	2021	2020	2019
ACTIVO CIRCULANTE	14688	15403	14982	12971
ACTIVO TOTAL	46455	47072	47344	44659
PASIVO CIRCULANTE	9523	9035	7948	9222
PASIVO TOTAL	31685	31955	34477	34596
PATRIMONIO NETO	14770	15117	12867	10063

	2022	2021	2020	2019
INGRESOS TOTALES	32184	32176	35229	35355
BENEFICIO BRUTO	12685	12976	16562	16597
GASTOS OPERATIVOS	11903	12101	16040	15175
GASTOS GEN. ADM. VENT.	6667	6892	7853	6812
GASTOS I+D	1862	1874	1854	1977
DEPRECIACIÓN/AMORT.	3374	3335	6333	6386
OTROS GASTOS OP.	-	-	-	-
BENEFICIO OPERATIVO	782	875	522	1422

$$\frac{DEPRECIACIÓN}{ACTIVO\ TOTAL} = \quad 7\% \quad 7\% \quad 13\% \quad 14\%$$

EXTRAÑO, ¿VERDAD?

Lo que debes hacer es seleccionar un periodo largo de ejercicios contables y obtener el promedio de depreciaciones. Utiliza ese promedio para restarlo de los ingresos en lugar del que ha utilizado la compañía y habrás eliminado el engaño.

	AÑO 6	AÑO 5	AÑO 4	AÑO 3	AÑO 2	AÑO 1
BENEFICIO BRUTO	5500	4120	4100	5550	5620	5570
DEPRECIACIÓN	-3780	-1960	-1970	-3100	-3200	-3150
GASTOS GENERALES	-1700	-1650	-1710	-1680	-1750	-1730
BENEFICIO OPERATIVO	20	510	420	770	670	690

$$DEPRECIACIÓN\ MEDIA =$$

$$= \frac{3780 + 1960 + 1970 + 3100 + 3200 + 3150}{6} = 2860$$

En la tabla siguiente se puede observar la corrección realizada utilizando el promedio de depreciaciones de la tabla anterior.

	AÑO 6	AÑO 5	AÑO 4	AÑO 3	AÑO 2	AÑO 1
BENEFICIO BRUTO	5500	4120	4100	5550	5620	5570
DEPRECIACIÓN REAL	-2860	-2860	-2860	-2860	-2860	-2860
GASTOS GENERALES	-1700	-1650	-1710	-1680	-1750	-1730
BENEFICIO OP. REAL	940	-390	-470	1010	1010	980

Por otro lado, también es posible que la empresa haya declarado unas depreciaciones artificialmente bajas de forma constante y reiterada. Para identificar si son menores de lo que deberían, debes comparar el porcentaje que representan las depreciaciones sobre los activos en esta compañía con esa misma ratio de otras empresas de la competencia. Si es mucho menor que la competencia probablemente te están engañando para inflar los resultados. Otra forma de verlo en caso de compañías estables es comparar el dinero gastado en depreciaciones con el CAPEX de mantenimiento. Obviamente si la empresa dice que está gastando cierta cantidad en depreciaciones, pero luego el dinero que se gasta en renovar equipos es el doble, pues lógicamente te están engañando.

	AÑO 6	AÑO 5	AÑO 4	AÑO 3	AÑO 2	AÑO 1
CAPEX	-5700	-4150	-4100	-5510	-5680	-5570
DEPRECIACIÓN MEDIA	-2860	-2860	-2860	-2860	-2860	-2860

¿RARO QUE UNO SEA CASI EL DOBLE
DEL OTRO?

Un ejemplo reciente de maquillaje de las depreciaciones ha ocurrido con Intel. La compañía preveía unos resultados pésimos para el siguiente trimestre y curiosamente acaba de anunciar que a partir de enero de 2023 van a incrementar la vida útil estimada de ciertas máquinas y equipos de producción de 5 años a 8. Pero por favor, no pensemos mal de Intel, son honestos y quizás sólo se trate de una desafortunada coincidencia y estemos equivocados…

En cualquier caso, ese aumento del período de depreciación obviamente reducirá la cantidad de depreciación que cargarán cada año en la cuenta de resultados. Su efecto aproximado será mejorar los resultados artificialmente en $4,000 millones. Se habrá evitado mostrar unos resultados desastrosos.

Existe también otro artificio menos habitual, que es reducir artificialmente los activos para justificar una reducción en las depreciaciones. Si la compañía ha reducido sus activos en el balance de forma súbita de un año para otro y sin explicación aparente, entonces es posible que estén intentando inflar los resultados manipulando las depreciaciones.

A lo largo de la historia ha habido múltiples casos de compañías que cargaban parte de sus depreciaciones en las cuentas del capital del balance en vez de restarlas a los ingresos. Para ello se servían de cierta excusa, que consiste en que los activos que se retiran antes del final del período de amortización generan un excedente en los activos que debía cancelarse eliminándolo de los recursos propios.

Esto puede dar lugar a la posibilidad de tretas consistentes en reducir los activos artificialmente para no tener que restar las depreciaciones de los ingresos. Restarlas produciría un empeoramiento de los beneficios, que es lo que asusta al inversor, mientras que la cuenta de recursos propios no le importa a nadie. Básicamente el engaño consiste en ir eliminando dinero del balance para presentarlo como beneficios. Si se detecta este artificio, las cantidades hay que restarlas correctamente de la cuenta de resultados.

CÓMO SE ENGAÑA CON LOS INGRESOS Y GASTOS FINANCIEROS

Este punto no se trata de un artificio contable en sí mismo, pero sí de una regla que puede llevar a engaño al inversor poco entrenado. En las normas contables de ciertos países, incluidas las normas GAAP de Estados Unidos, se ha introducido recientemente una curiosa forma de contabilizar beneficios. Las compañías que tienen inversiones en activos financieros, como acciones, deben reportar en cada trimestre la variación del valor de mercado de su cartera en la cuenta de ingresos o gastos financieros.

Por ejemplo, si la empresa A tiene inversiones con un valor de mercado $100 millones en acciones y al siguiente trimestre hay un *crash* y el precio de las acciones baja a $50 millones, entonces la compañía tiene obligación de reportar esos $50 millones como pérdidas. Irán anotados como gastos financieros, se restarán de los ingresos y reducirán los beneficios, aunque en realidad la empresa no haya perdido nada. Porque la caída a corto plazo del precio de una acción no significa nada. Probablemente el valor intrínseco de esas acciones siga siendo el mismo.

Es decir, la compañía tiene que cargar esa caída como un gasto aunque no hayan vendido ni una sola acción y la pérdida no se haya realizado. Esta forma de proceder puede hacer parecer malos los resultados de una compañía cuando en realidad se trata solamente de un efecto contable.

Por otro lado, si las acciones suben en lugar de bajar, el aumento de precio se computa como un ingreso financiero aunque las acciones no hayan sido vendidas. Y por lo tanto en un mercado alcista harán parecer el beneficio de la compañía más alto de lo que debería ser si se elimina este maquillaje.

	AÑO 1	AÑO 2	AÑO 3
BENEFICIO OPERATIVO	$40M	$40M	$40M
INGRESOS FINANCIEROS	$0	-$50M	$50M
BENEFICIO NETO (EBT)	$40M	-$10M	$90M

⇧ ⇧

¡LA COMPAÑÍA HA MOSTRADO PROFUNDAS CAÍDAS Y AUMENTOS DE BENEFICIOS CUANDO EN REALIDAD SUS BENEFICIOS OPERATIVOS HAN SIDO SIEMPRE IGUALES!

Para evitar ser engañado por este efecto contable, en compañías industriales o de servicios se debe mirar la evolución de los beneficios operativos y compararlos con los ingresos o gastos financieros. Si la compañía posee muchas inversiones en activos financieros y las partidas de ingresos o gastos financieros equivalen a una parte muy grande de los beneficios operativos, corrígelo. Elimina esas partidas financieras de la cuenta de resultados y no las tengas en cuenta. Esto por supuesto, no es aplicable a compañías de tipo financiero.

Un ejemplo reciente de este efecto contable ocurrió con la acción de la china Alibaba. Los ingresos financieros de la compañía eran extraordinariamente grandes originalmente, aproximadamente iguales a los beneficios operativos. Entonces cuando el mercado cayó, la compañía se vio obligada a reportar como pérdidas la bajada de los precios de su cartera de inversiones. Por lo tanto, el beneficio neto pasó de estar maquillado al alza a estar maquillado a la baja enormemente. Haciendo parecer los resultados realmente negativos cuando en realidad no eran tan malos por aquel entonces, como podemos observar en su cuenta de resultados.

GANARON MÁS DINERO EN 2022

Tres meses terminados el 31 de marzo

(en Millones de RMB)	2021	2022	YoY %	Cambio YoY
BENEFICIO OPERATIVO	-7,663	16,717	N/A	24,380
INGRESOS POR INVERSIONES	111	-36,708	N/A	-36,819
GASTOS EN INTERESES	-1,160	-1,189	2 %	-29
OTROS INGRESOS	2,115	1,620	-23 %	-495
BENEFICIO ANTES DE IMPUESTOS	-6,597	-19,560	-196 %	-12,963
BENEFICIO NETO	-7,654	-18,357	-140 %	-10,703
BENEFICIO NETO ATRIBUIBLE A ACCIONISTAS ORDINARIOS	-5,479	-16,241	-196 %	-10,762

PERO LA CAÍDA DE SU CARTERA HACE PARECER LOS RESULTADOS DESASTROSOS

CÓMO SE ENGAÑA CON LOS IMPUESTOS Y GASTOS DIFERIDOS

Al igual que en apartado relativo a depreciaciones, este artificio contable se basa en intentar trasladar costos entre diferentes períodos contables para hacer que un trimestre parezca mejor, que los beneficios parezcan más constantes y estables, o que todas las pérdidas se concentren en un momento específico. Existen múltiples gastos que pueden someterse a una amplia interpretación por parte de la compañía. Por ejemplo gastos legales, gastos de investigación y desarrollo, campañas de marketing, o en general cualquier tipo de gasto que sea imputable a varios años distintos.

Las normas contables permiten una amplia interpretación mediante la cual la compañía puede repartir esos gastos de forma bastante flexible a lo largo del tiempo, dando lugar normalmente a exageraciones de los resultados en los momentos en que a la empresa más le conviene.

Una mención especial debe dedicarse al pago de impuestos. En las grandes compañías diferir impuestos es el pan de cada día. Es muy sencillo para cualquier empresa intentar mover el momento en que se pagan los impuestos correspondientes a unos determinados beneficios entre períodos contables. En casos extremos se puede llegar a mentir directamente sobre los impuestos, lo cual es más grave. La manera de comprobar si algo raro está pasando con los impuestos es extremadamente sencilla.

Debes mirar en la cuenta de resultados cuál es la cantidad de beneficios antes de impuestos declarada y multiplicarla por la tasa impositiva. Esto mostrará la cantidad de impuestos que la compañía debería estar pagando. Si esa cifra no es igual que los impuestos sobre beneficios que la empresa dice haber pagado, es momento de desconfiar. Calcula esto en un número suficiente de períodos contables y mira si hay cambios drásticos en las cifras.

	AÑO 6	AÑO 5	AÑO 4	AÑO 3	AÑO 2	AÑO 1
BENEFICIOS (EBT)	14309	2950	3044	6579	5196	345
IMPUESTOS PAGADOS	1630	715	1180	1914	1378	14
BENEFICIO NETO	12679	2235	1864	4665	3818	331
IMPUESTOS TEÓRICOS	3005	620	639	1382	1091	73
DIFERENCIA	54%	115%	185%	139%	126%	19%

¿EXTRAÑO?

$$IMPUESTOS_{AÑO6} = BENEFICIOS \times TASA\ IMPOSITIVA =$$

$$= \$14{,}309M \times 21\% = \$3{,}005M$$

Compara también los resultados con otras compañías del mismo sector y averigua si la empresa está pagando menos en comparación con el resto de la competencia. En realidad las dos cifras no tienen por qué ser idénticas necesariamente, ya que las intrincadas y complejas leyes impositivas dan lugar a divergencias que pueden ser considerables. Pero si de un año para otro hay un cambio drástico súbitamente, o si las diferencias son muy amplias respecto a la competencia, puede ser un indicio bastante probable que nos intentan engañar.

CÓMO SE ENGAÑA CON LOS BENEFICIOS Y LOS DIVIDENDOS DE SUBSIDIARIAS NO CONSOLIDADAS

Cuando una compañía es propietaria total o parcial de otras empresas subsidiarias, la empresa matriz puede presentar sus cuentas de forma consolidada. Esto significa que a los estados financieros de la empresa matriz se le suman las cuentas del resto de empresas del grupo como si fuesen una sola. La legislación sobre consolidación varía entre países. En empresas americanas la obligación o no de consolidar subsidiarias depende de si controlan más de un 50 % del poder de voto y del porcentaje de participación.

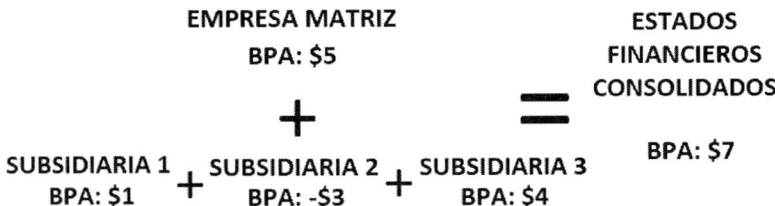

Las compañías holding de este tipo pueden verse tentadas a realizar varias prácticas dudosas. La empresa matriz puede por ejemplo manipular sus beneficios por medio de la mención o no de los beneficios o pérdidas de sus subsidiarias.

Si por ejemplo una empresa que ha tenido unos beneficios de $4M es propietaria del 40 % de otra empresa que ha tenido unas pérdidas de -$2.5M, la compañía matriz puede mostrar unas cuentas no consolidadas en las que no se muestre ese millón de pérdidas que le correspondería por su participación en la subsidiaria. Podría por lo tanto mostrar unos beneficios de $4M cuando en realidad han sido $3M.

EMPRESA MATRIZ
BENEFICIO: $4M

SUBSIDIARIA NO CONSOLIDADA
BENEFICIO:
-$2.5M × 40% = -$1M

BENEFICIO DECLARADO: $4M
BENEFICIO REAL CONSOLIDADO: $3M

El grado de consolidación puede variar ampliamente, puede que algunas empresas del grupo estén incluidas en las cuentas de la matriz y otras no. En teoría, si los beneficios o pérdidas de la subsidiaria no consolidada son muy grandes en comparación con los de la matriz, deberían al menos mencionarlos en las notas del informe anual.

Por lo tanto para evitar engaños respecto a este punto, lo que debe hacer el inversor es leerse el informe anual completo y con atención, para buscar este tipo de información oculta en la letra pequeña. Una vez hecho eso, se deben corregir los resultados ajustándolos con los beneficios o pérdidas de las subsidiarias no consolidadas, lo cual todos esos inversores demasiado vagos como para leerse el informe nunca podrán hacer.

Además de ello, la norma general que debemos seguir siempre que leemos las cuentas de una empresa es asegurarnos de que son las cuentas consolidadas. Si ves en el título que se trata por ejemplo de un balance o unos resultados no consolidados ni siquiera sigas leyendo, porque se tratará de unas cuentas incompletas y que inducirán a engaño.

Pero la cosa no acaba ahí. Las empresas subsidiarias pueden también acumular efectivo en su balance y guardarlo ahí por tiempo indeterminado. Si un año determinado la compañía matriz tiene malos resultados la subsidiaria puede declarar un dividendo especial que incremente los beneficios de la empresa matriz y de este modo hacer parecer que los resultados han sido buenos en lugar de malos. Hay que estar atentos a si se menciona en el informe anual algún dividendo de este tipo por parte de subsidiarias.

EMPRESA MATRIZ
BENEFICIO: -$1M

DIVIDENDO $2M

SUBSIDIARIA NO CONSOLIDADA
~~BENEFICIO: $0~~
~~EFECTIVO EN CAJA: $2M~~

BENEFICIO DECLARADO: $1M

CÓMO SE ENGAÑA CON LOS ÍTEMS NO RECURRENTES

En la cuenta de resultados de una compañía pueden aparecer en ocasiones beneficios o pérdidas no recurrentes, lo que significa que son debidos a razones aisladas y que no se repetirán periódicamente. Dentro de este grupo hay múltiples elementos como por ejemplo la ganancia o pérdida por la venta de activos fijos o acciones, cobros de seguros, cobros o pagos por litigios legales, etc.

Es posible que la compañía utilice esta partida para intentar manipular los beneficios netos. Se debe observar este concepto durante varios años y comprobar qué tan "recurrentes" son los ítems no recurrentes. Si por ejemplo vemos que año tras año existen beneficios no recurrentes que representan una parte importante del beneficio neto, entonces es muy probable que la compañía esté intentando exagerar los beneficios por medio de algún tipo de triquiñuela. Por ejemplo vender activos de la empresa para obtener dinero extra y que parezca producto de la operativa del negocio.

CÓMO SE ENGAÑA CON EL CASHFLOW, LA DEUDA Y LA EMISIÓN DE ACCIONES

Uno de los puntos más importantes que hay que revisar en la hoja de flujos de efectivo de cada compañía es si están emitiendo cantidades altas de acciones nuevas o bonos corporativos. Por regla general las compañías jóvenes de rápido crecimiento suelen abusar de estas dos herramientas.

Si bien emitir acciones cuando su precio está muy sobrevalorado es una estrategia inteligente para conseguir dinero rápido, el inversor debe ser consciente de que **esta estrategia no es sostenible a largo plazo.** Un gran número de compañías utilizan esta artimaña para conseguir grandes cantidades de dinero, lo cual hace parecer su cuenta de efectivo y equivalentes muy grande. Por lo tanto, las cuentas de la compañía parecerán financieramente muy sólidas y saneadas, cuando en realidad es probable que la empresa tenga pérdidas operativas y que su negocio no sea rentable.

EMISIÓN DE ACCIONES: $30M

EMISIÓN DE DEUDA: $20M

EMPRESA A
BENEFICIO: -$10M

CASHFLOW MOSTRADO: $40M

Para evitar ser engañados por esta política empresarial se deben observar con atención los beneficios netos de la compañía y compararlos con las emisiones de acciones y de deuda corporativa. Si estas dos últimas son muy grandes en relación con la primera, tanto el efectivo en caja como el *cash flow* que nos está mostrando la compañía estarán enormemente inflados al alza por el hecho de no haber conseguido el dinero mediante los negocios de la compañía, sino mediante técnicas que no son sostenibles a largo plazo.

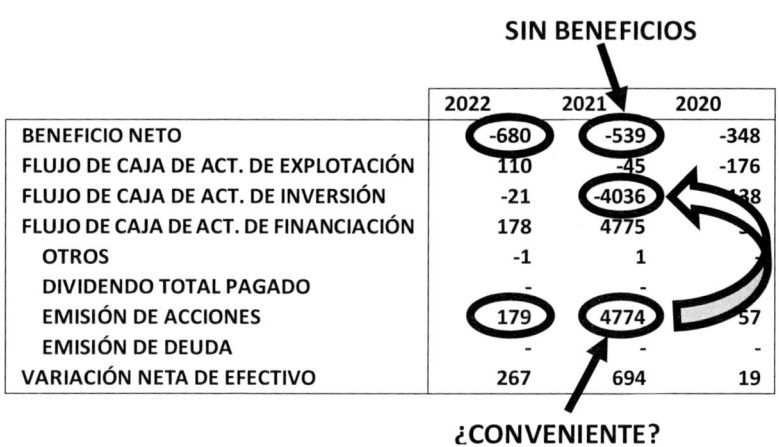

SIN BENEFICIOS

	2022	2021	2020
BENEFICIO NETO	-680	-539	-348
FLUJO DE CAJA DE ACT. DE EXPLOTACIÓN	110	-45	-176
FLUJO DE CAJA DE ACT. DE INVERSIÓN	-21	-4036	-38
FLUJO DE CAJA DE ACT. DE FINANCIACIÓN	178	4775	-
OTROS	-1	1	
DIVIDENDO TOTAL PAGADO	-	-	
EMISIÓN DE ACCIONES	179	4774	57
EMISIÓN DE DEUDA	-	-	-
VARIACIÓN NETA DE EFECTIVO	267	694	19

¿CONVENIENTE?

Existen múltiples casos de esto, especialmente entre empresas tecnológicas. Un ejemplo actual de ello es Snowflake. Si observamos su balance, la compañía ha tenido pérdidas cada vez mayores en sus operaciones a la vez que su prima de emisión ha crecido sin parar debido a la emisión de acciones. Esto ha hecho posible que la compañía disfrute de una caja enorme y un *free cash flow* positivo a pesar de las pérdidas operativas. Cuando veas que la prima de emisión aumenta mucho a la vez que los beneficios retenidos son cada vez más negativos o más pequeños, es hora de decidir si esa compañía realmente tiene futuro a largo plazo.

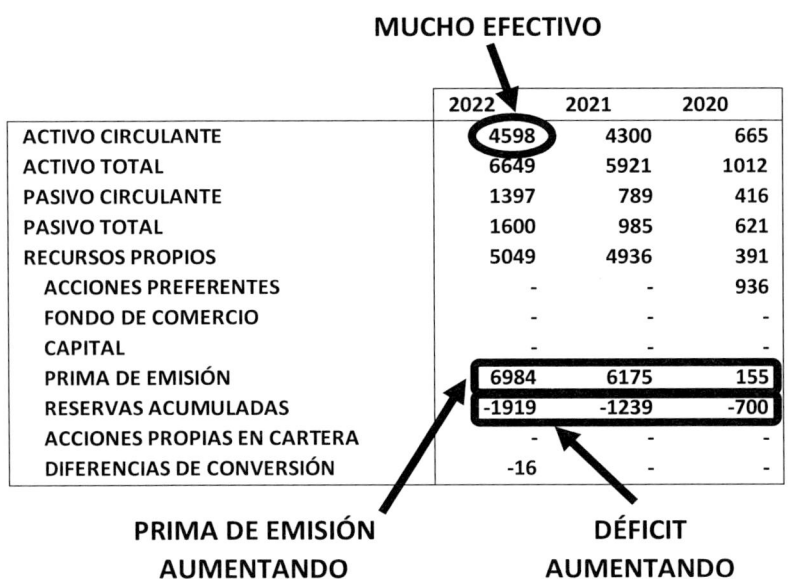

MUCHO EFECTIVO

	2022	2021	2020
ACTIVO CIRCULANTE	4598	4300	665
ACTIVO TOTAL	6649	5921	1012
PASIVO CIRCULANTE	1397	789	416
PASIVO TOTAL	1600	985	621
RECURSOS PROPIOS	5049	4936	391
ACCIONES PREFERENTES	-	-	936
FONDO DE COMERCIO	-	-	-
CAPITAL	-	-	-
PRIMA DE EMISIÓN	6984	6175	155
RESERVAS ACUMULADAS	-1919	-1239	-700
ACCIONES PROPIAS EN CARTERA	-	-	-
DIFERENCIAS DE CONVERSIÓN	-16	-	-

PRIMA DE EMISIÓN AUMENTANDO　　　　**DÉFICIT AUMENTANDO**

Un último método que sirve para detectar tanto este maquillaje contable como muchos de los vistos anteriormente, es comparar el *cash flow* operativo con los beneficios durante varios períodos. Si la ratio de *cash flow* operativo dividido entre beneficios netos baja mucho de golpe o es mucho más baja que en la competencia es una señal para desconfiar.

CÓMO SE ENGAÑA CON LAS PROVISIONES DE FONDOS

Las provisiones de fondos son otro de los elementos que permiten retocar los estados financieros de una empresa de forma muy sencilla. El sector de banca y de seguros suelen estar especialmente inclinados a hacer este tipo de artificios contables, lo cual los convierte en negocios muy difíciles de analizar.

Imaginemos por ejemplo una empresa aseguradora. Ha detectado cierto riesgo relativo a un evento cualquiera y debe crear una provisión de fondos para poder pagar a sus asegurados en caso de que el riesgo se materialice. Supongamos por ejemplo que la empresa está asegurando incendios y que si las propiedades del cliente se queman debe pagarle. La mayoría de clientes viven en cierta ciudad en la que acaba de haber una previsión meteorológica de un verano extraordinariamente caluroso. La compañía decide por lo tanto crear una reserva extra para poder hacer frente al posible aumento de fuegos en la zona.

Obviamente es totalmente imposible conocer a ciencia cierta las probabilidades de catástrofe ni tampoco la cantidad de dinero necesaria para cubrirla. Lo máximo que se puede hacer son estimaciones basadas en estadísticas pasadas. Por lo tanto el tamaño de esas provisiones será bastante subjetivo y dependerá de la voluntad de la empresa aseguradora. Lógicamente, cuanto mayor sean las provisiones, menores beneficios se podrán declarar y por lo tanto una compañía que esté obteniendo malos resultados puede verse tentada a hacer provisiones poco conservadoras que resulten insuficientes y que pongan en riesgo la solvencia e incluso la existencia de la compañía en caso de que suceda una cadena de eventos desafortunados.

	OPCIÓN 1	OPCIÓN 2
BENEFICIO OPERATIVO	$250M	$250M
PROVISIÓN DE FONDOS	-$150M	-$50M
BENEFICIO ANTES DE IMPUESTOS (EBT)	$100M	$200M

Lamentablemente para el inversor es muy complicado entender si esas provisiones son las adecuadas, por lo que es mejor mantenerse alejados de esos sectores. En caso contrario, una posible herramienta es comparar las cantidades dedicadas a provisiones de la empresa en cuestión con las del resto de su sector. Tras eso se puede comprobar si son muy grandes o muy pequeñas en relación al resto.

En el caso de otros sectores la investigación que el inversor ha de hacer es más sencilla. En negocios no financieros, como los industriales, la provisión más común es la destinada a cubrir la deuda mala, como por ejemplo clientes que no pagan. La compañía anunciará cualquier cambio de esas provisiones en las notas de los estados financieros. Se debe vigilar cualquier cambio que implique una reducción de las provisiones y por lo tanto una mejora en los beneficios. Luego se debe decidir si ese cambio realmente tiene sentido. Si se sospecha que se ha hecho únicamente para maquillar los beneficios, debemos corregir ese efecto añadiendo el cargo correspondiente.

CÓMO SE ENGAÑA CON FONDO DE COMERCIO Y ADQUISICIONES

En principio el hecho de que una compañía adquiera o compre a otra es algo totalmente razonable. De hecho muchas compañías crecen a base de adquisiciones y les va bien. Pero en la práctica las fusiones o adquisiciones pueden utilizarse ampliamente para maquillar las cuentas o unos pésimos resultado de la empresa compradora.

Si por ejemplo tenemos a una compañía A que gana $10M y que compra la empresa B que gana $2M, entonces tras la fusión el balance de B se añadirá al de A. Por lo tanto al año siguiente la compañía compradora estará ganando $12M. Un 20 % más a costa de haber reducido su efectivo y de probablemente haberse endeudado para poder financiar esa compra.

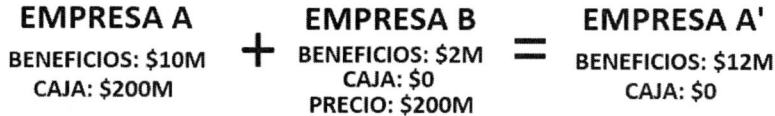

EMPRESA A
BENEFICIOS: $10M
CAJA: $200M

+

EMPRESA B
BENEFICIOS: $2M
CAJA: $0
PRECIO: $200M

=

EMPRESA A'
BENEFICIOS: $12M
CAJA: $0

¡SE HA QUEMADO LA CAJA PARA COMPRAR UNA EMPRESA A PER 100!

Saber si la adquisición ha sido razonable o no dependerá de si el precio que ha pagado el comprador está justificado por el flujo de efectivo futuro que proporcionará la empresa B. Esto en realidad es muy sencillo de averiguar para un inversor entrenado, ya que se trata exactamente del mismo ejercicio que realiza al valorar acciones. Se deben comprobar las cuentas de la compañía adquirida, valorarla y decidir si el precio pagado ha sido bueno y si esa inversión puede proporcionar a la empresa A una rentabilidad futura adecuada.

Por regla general, las compañías en apuros suelen hacer adquisiciones pagando un precio excesivamente alto, lo único que quieren es que los beneficios del próximo año sean mayores, ya que eso será lo que mirará la mayoría de inversores y no el deterioro en el resto del balance.

Por otro lado, existe un problema todavía mayor en relación a las adquisiciones costosas. La diferencia entre el precio que ha pagado la compañía compradora y el valor justo de mercado de los activos adquiridos se conoce como fondo de comercio.

$$FONDO\ DE\ COMERCIO =$$

$$= PRECIO - VALOR\ DE\ MERCADO\ DE\ LOS\ ACTIVOS$$

Este fondo de comercio es un activo intangible que se anota en el balance de la compañía compradora. Por lo tanto si la compañía A ha pagado mucho se habrá creado un fondo de comercio muy grande, que representa ese exceso pagado. Si las capacidades de generación de beneficios de la compañía B son muy bajas o se deterioran, su valor justo de mercado se reducirá.

Pues bien, según la legislación americana, las compañías están obligadas a realizar un test anual en el que se compara el tamaño de su fondo de comercio con el valor justo de las adquisiciones. En caso de que el fondo de comercio sea demasiado grande en relación al valor se incurrirá en algo llamado *goodwill impairment*, y la compañía compradora deberá pagar un cargo que puede llegar a ser muy grande si el precio de la adquisición ha sido excesivo.

Un ejemplo reciente de esto ocurrió con la compañía Kraft Heinz. Tras la fusión de sus predecesoras, la empresa tuvo que hacer en 2019 un cargo de $15,000 millones como compensación a su fondo de comercio excesivo.

CAPÍTULO 15:

MACROECONOMÍA

Esto es todo lo que tienes que saber sobre macroeconomía para ser un buen inversor:

JAMÁS COMPRES O VENDAS UNA ACCIÓN BASÁNDOTE EN PREVISIONES SOBRE EL FUTURO DE LA ECONOMÍA. OLVÍDATE DE LO MACRO.

CÉNTRATE SÓLO EN LOS NEGOCIOS EN SÍ MISMOS Y TE AHORRARÁS MUCHOS DOLORES DE CABEZA.

DESCARGO DE RESPONSABILIDAD

¡ATENCIÓN! Este libro tiene fines exclusivamente educativos y divulgativos. No constituye asesoramiento financiero, legal, contable, fiscal o de inversión. El contenido no sustituye la orientación de profesionales cualificados, y cualquier decisión de inversión es responsabilidad exclusiva del lector.

1) **Invertir en mercados financieros implica riesgos significativos, incluida la posible pérdida total de su capital.** Antes de invertir, consulte a un asesor financiero certificado y realice su propio análisis.
2) **El autor no se hace responsable de pérdidas o daños derivados de la aplicación de la información contenida en este libro.** Las estrategias mencionadas pueden no ser adecuadas para su situación particular.
3) **Nada en este libro constituye una recomendación de compra ni de venta de ningún producto financiero.** Los comentarios sobre compañías específicas son simplemente opiniones subjetivas del autor que pueden estar equivocadas o no cumplirse.
4) Este texto incluye frases de Mohnish Pabrai, Charles T. Munger y Warren Buffett. Son públicas, pero les pertenecen a ellos.
5) Rendimientos pasados no garantizan resultados futuros.

DIRECCIÓN DE CONTACTO

Si desea contactarme para aclaraciones o temas relacionados con negocios, puede hacerlo mediante el email abajo indicado. Hágalo también si cree que conoce alguna acción que se pueda multiplicar por 10 en los próximos 3-4 años:

financialmasterinvesting@gmail.com

Todos nos hemos preguntado cómo conseguir la libertad financiera lo más rápidamente posible. El secreto es tan simple como averiguar quién es el mejor inversor de la historia y hacer exactamente lo mismo que él.

Estás a punto de convertirte en un inversor racional que le compra a los pesimistas y les vende a los optimistas. Uno que será capaz de estimar cuánto vale un negocio y de aprovecharse de la psicología del mercado en su favor. Considera este libro como un pequeño resumen del método de inversión de Warren Buffett.

"La única forma inteligente de invertir es el Value Investing. Averiguar cuánto vale algo y comprarlo por debajo de ese precio. Se trata de valor."

Warren E. Buffett

Iván Méndez es un inversor privado español afincado en Suiza. Es ingeniero industrial superior y miembro de Mensa, la asociación internacional que reúne a personas de cociente intelectual excepcional. En su día comenzó desde cero en el mundo de la inversión siguiendo los principios del *value investing*, y

de forma disciplinada y racional. Su estrategia ha destrozado la rentabilidad media del mercado de los últimos 20 años, logrando superar por más de 10 puntos al índice S&P 500. Además, ha ocupado el cargo de subdelegado del Colegio de Ingenieros Industriales de Galicia. Su experiencia en ámbitos técnicos y económicos le ha llevado a especializarse en el estudio de compañías industriales y tecnológicas, desarrollando un enfoque riguroso basado en el análisis fundamental y la inversión en empresas infravaloradas. En los últimos años también ha compatibilizado estas actividades con la divulgación financiera a través del canal de YouTube Financial Master.

www.bubok.es

9 788468 587523